超级电影课

认识自我 相信未来

主编
杨爱君 王晓琳

编著
姜新华 余维民

中原出版传媒集团
中原传媒股份公司

大象出版社
·郑州·

图书在版编目(CIP)数据

超级电影课.认识自我　相信未来／姜新华,余维民编著.—郑州：大象出版社,2024.6
(中小学德育影视课程丛书／杨爱君,王晓琳主编)
ISBN 978-7-5711-1909-6

Ⅰ.①超… Ⅱ.①姜…②余… Ⅲ.①德育-中小学-教学参考资料②电影-鉴赏-中小学-教学参考资料
Ⅳ.①G631

中国国家版本馆 CIP 数据核字(2023)第 211532 号

中小学德育影视课程丛书

超级电影课：认识自我　相信未来

姜新华　余维民　编著

出 版 人	汪林中
策　　划	梁金蓝
责任编辑	梁金蓝
责任校对	牛志远
装帧设计	王　敏

出版发行	大象出版社(郑州市郑东新区祥盛街 27 号　邮政编码 450016)
	发行科　0371-63863551　总编室　0371-65597936
网　　址	www.daxiang.cn
印　　刷	河南瑞之光印刷股份有限公司
经　　销	各地新华书店经销
开　　本	720 mm×1020 mm　1/16
印　　张	13.75
字　　数	174 千字
版　　次	2024 年 6 月第 1 版　2024 年 6 月第 1 次印刷
定　　价	48.00 元

若发现印、装质量问题,影响阅读,请与承印厂联系调换。
印厂地址　武陟县产业集聚区东区(詹店镇)泰安路与昌平路交叉口
邮政编码　454950　　　　　电话　0371-63956290

目　录

中小学德育影视课程的设计与策划说明 /1
高中学段德育影视课程的设计说明 /12

第一板块　自我认同与心理健康 /1

寻找自我，破除心障　**电影《楚门的世界》**/3
成长蜕变，生命尊严　**电影《爆裂鼓手》**/15
师生情谊，成长故事　**电影《老师·好》**/25
尊重生命，平等交流　**电影《心灵捕手》**/34
逆境觉醒，追求梦想　**电影《逆光飞翔》**/45

第二板块　传统文化与家国情怀 /53

传统文化，家国情怀　**电影《敦煌》**/55
公平正义，立身之本　**电影《功夫》**/66
时代变迁，人性挑战　**电影《黑骏马》**/76

强国之梦，爱国情怀　　电影《横空出世》/86

真情侠义，一诺千金　　电影《平原上的夏洛克》/96

第三板块　自然伦理与生态文明 /105

勇气与抉择，舍家是为国　　电影《三峡好人》/107

敬畏生命，保护自然　　电影《勇往直前》/115

家园故国，乡土情怀　　电影《无言的山丘》/125

离离原上草，一岁一枯荣　　电影《塬上》/135

在困境中突围，在学习中改变　　电影《驭风男孩》/145

第四板块　价值体认与理想信念 /155

诚实守信，传统美德　　电影《信·守》/157

简单纯粹，跑赢人生　　电影《阿甘正传》/167

心中有峰，向上攀登　　电影《攀登者》/179

坚韧向上，拼搏无悔　　电影《百万美元宝贝》/187

后　记 /197

中小学德育影视课程的设计与策划说明

一、课程的指导思想

电影作为一种文化媒介，具有强大的表现力与艺术感染力，蕴含着娱乐、审美、教育等多种功能。对于世界观、人生观、价值观正在形成的中小学生来说，电影的影响力尤为显著。正是基于这种认识，我们着手编写了中小学德育影视课程。该课程以《中小学德育工作指南》《关于加强中小学影视教育的指导意见》等文件为指导，以优秀的影视作品为依托，旨在弘扬传统文化、革命文化和社会主义先进文化，助力学生成长。在构建课程的过程中，我们充分借鉴了教育学和心理学的研究成果，所选影片兼具经典性与可观性，契合了学生年龄特点和心理趋向。整个课程旨在引导学生在与自我、与他人、与社会、与自然、与文化的对话中厘清困惑，内化责任意识，增强"四个自信"，为学生全面发展和终身发展奠定坚实的思想基础。

二、中小学影视课程的现状

2018年11月，教育部、中共中央宣传部联合印发了《关于加强中小学影视教育的指导意见》(以下简称《意见》)。《意见》明确指出：力争用3—5年时间，全国中小学影视教育基本普及，形成中小学影视教育的浓厚氛围。

当前，各级教育行政管理部门、一线中小学校长与教师都已认识到影视教育的重要性，开展了形式多样的影视教育探索。但就整体而言，电影课程还是一种新生事物，目前尚处于萌芽阶段。表面看来，影视教育呈百家争鸣、百花齐放的蓬勃发展之势，但实际上还存在许多不容忽视的问题，主要体现在以下几个方面。

1. 忽视对电影教育价值的挖掘。不少学校和家庭仅仅看到了电影的娱乐价值，没有充分发掘影片中蕴含的教育价值。

2. 影片的选择带有盲目性。许多学校和家庭在选择电影时比较随意，通常选择当下好评多、票房高的电影，没有充分考虑不同年龄阶段孩子的心理特点与成长规律。

3. 课程内容缺乏整体规划，教学方式缺乏创新。

4. 影视课程开展的时间难以保障，硬件设备、观影场所等都具有一定局限性。

5. 电影资源获取渠道逼仄，难以获取高品质的影片资源。

如何正确认识中小学电影课程的内涵及价值，如何构建一个符合学生认知特点和成长规律的德育影视课程体系，是值得探讨的问题。

三、中小学德育影视课程的内涵

德育影视课程是指以优秀影视作品为主要媒介，围绕学生习惯与品德养成，结合班级管理中出现的阶段性和普遍性问题开展的集观影、交流和实践于一体的综合性实践课程。德育影视课程的形式灵活多样，可以精选一部电影进行主题探讨，也可以根据同一主题剪辑几部相关电影片段进行串接，在对比中实现对该主题全面深入的理解。学校不是开展影视教育的唯一阵地，家校合作可以有效提升德育效果。

四、中小学德育影视课程的开发依据

（一）政策依据

2017年8月，教育部印发了《中小学德育工作指南》（以下简称《指南》）。《指南》是指导中小学德育工作的纲领性文件，也是中小学德育影视课程的政策依据，规范着本课程的目标设定和内容选择。

在《指南》中，中小学德育总体目标被表述为："培养学生爱党爱国爱人民，增强国家意识和社会责任意识，教育学生理解、认同和拥护国家政治制度，了解中华优秀传统文化和革命文化、社会主义先进文化，增强中国特色社会主义道路自信、理论自信、制度自信、文化自信，引导学生准确理解和把握社会主义核心价值观的深刻内涵和实践要求，养成良好政治素质、道德品质、法治意识和行为习惯，形成积极健康的人格和良好心理品质，促进学生核心素养提升和全面发展，为学生一生成长奠定坚实的思想基础。"德育目标一方面体现着我国教育以立德树人为根本任务的总体方向，体现着思想道德、理想信念和价值观念的先进性；另一方面尊重学生的认知发展特点和思想道德实际，从学生的社会生活、道德生活、法律生活、政治生活等多方面提出要求，尊重学生的社会生活实际，使德育目标具有可行性，不断提高中小学生的公共道德水平和社会参与能力。

依据德育目标，《指南》将德育内容分为五个大项，十六个小项。这五个大项分别是：理想信念教育、社会主义核心价值观教育、中华优秀传统文化教育、生态文明教育、心理健康教育。

《指南》提及的德育目标和德育内容，将作为中小学德育影视课程的重要设计依据。

(二) 理论依据

中小学德育影视课程在影片选择上有着明显的层级性与阶梯性。这种层级性有其内在的教育心理学依据。主要依据有两个：一个是皮亚杰的道德发展理论，一个是科尔伯格的道德发展阶段理论。

瑞士儿童心理学家皮亚杰是认知心理学的代表人物，他根据儿童对规则的理解和使用，把儿童道德认知发展划分为四个有序的阶段。

第一阶段：前道德阶段（0—3岁）。

第二阶段：他律道德阶段或道德实在论阶段（3—7岁）。

第三阶段：自律或合作道德阶段（7—12岁）。

第四阶段：公正道德阶段（12岁以后）。

科尔伯格的道德发展理论受到皮亚杰观点的影响，被称为皮亚杰在道德发展领域的继承人。

1. 前习俗水平，分为惩罚与服从的道德定向阶段和朴素的利己主义定向阶段。处于这一水平的个体还没有内在的道德标准，他们的道德判断取决于外在的要求。

2. 习俗水平，分为"好孩子"定向阶段和维护权威或秩序的道德定向阶段。这一水平上的儿童有了满足社会的愿望，这时他们能够从社会成员的角度来思考道德问题，比较关心别人的需要。了解、认识社会行为规范，并遵守、执行这些规范。

3. 后习俗水平，分为社会契约的定向阶段和普遍的伦理原则的定向阶段。处于这一水平的个体在努力脱离掌握原则的集团或个人的权威，并不把自己和这种集团视为一体，而是以普遍的道德原则和良心为行为的基本准则。

德育影视课程正是基于以上两种理论，针对不同阶段学生道德养成的内在规律来选择影片、设计活动。

五、中小学德育影视课程的内容构成

中小学德育影视课程以《指南》为指引，涵盖了从小学一年级到高中三年级各个学段，在整体框架上大致分为三阶段九阶梯。每一阶段参照个体与自我、个体与社会、个体与自然、个体与文化四个维度，设置自我认同与心理健康、传统文化与家国情怀、自然伦理与生态文明、价值体认与理想信念四大板块。因为影视资源和《指南》的具体内容缺乏清晰明确的对应性，因此在设计中小学德育影视课程的时候，我们只是参照了《指南》中的德育目标和内容框架，具体内容的设计还需结合学生的年龄特点、影视资源的特质进行。

（一）自我认同与心理健康

自我认同是心理健康的重要标志。除此之外，具备健康心理的人还能够在人际交往中适当把控个人情绪，能够不断适应外部环境，对自己的人生具有一定的规划。

（二）传统文化与家国情怀

该板块旨在引导学生正确处理个人与他人、个人与社会的关系；形成乐于奉献、热心公益慈善的良好风尚；不断增强学生的国家认同，形成爱国情感，树立民族自信；形成为实现中华民族伟大复兴的中国梦而不懈努力的共同理想追求；引导学生明辨是非、遵纪守法、坚忍豁达、奋发向上；积极争做知荣辱、守诚信、敢创新的中国人。

（三）自然伦理与生态文明

该板块旨在引导学生了解祖国的大好河山和地理地貌，认识大自然，学会与大自然和谐相处，树立尊重自然、顺应自然、保护自然的发展理念，按照自然规律办事，增强保护环境的自觉性；知道人与自然应该构建和谐共生、良性循环、持续发展的自然伦理形态，树立可持续发展观念，养成勤俭节约、低碳环保、自觉劳动的生活习惯，形成健康文明的生活方式。

（四）价值体认与理想信念

该板块旨在引导学生树立社会主义核心价值观，继承革命传统，传承红色基因，不断树立为共产主义远大理想和中国特色社会主义共同理想而奋斗的信念和信心。

六、各学段课程的设计说明

（一）小学低段

幼儿园的生活以游戏为主，小学阶段则以学习为主。一、二年级的孩子正处于这一过渡阶段。从皮亚杰的道德发展理论看，这个阶段孩子的道德发展经历了一个从自我中心阶段向外在权威阶段过渡的过程。如果按照科尔伯格的道德发展阶段理论，一年级的学生道德水准处于"我不想找麻烦"这一层级上，即处在对外在规则的被动遵守阶段；二年级学生则在一年级的基础上，渐次提升为"我想得到表扬"，即孩子希望通过自己的努力得到外在的肯定与赞赏。这一阶段的孩子整体上还处于他律期，其行为具有很大的可塑性。在学情上，新的学习环境会对一年级的孩子产生重大影响，在规范其行为的同时，很容易引发学生的安全危机，导致心理焦虑。因此，帮助学生排解因安全感不足导致的心理焦虑，引领学生养成良好的学习习惯和生活习惯成为这个阶段道德养成教育的核心任务。

学段	类属板块	主题	电影
小学低段	自我认同与心理健康	讲卫生	《小红脸和小蓝脸》
		明是非	《狐狸送葡萄》
		控情绪	《没头脑和不高兴》
		向美好	《小绳子》
		好整洁	《邋遢大王奇遇记》
		讲诚信	《匹诺曹》
	传统文化与家国情怀	知节日	《除夕的故事》
		有爱心	《雪孩子》
		明责任	《神笔马良》
		确身份	《小兵张嘎》
		守良善	《渔童》
	自然伦理与生态文明	理性看待世界	《超级肥皂》
		了解自然韵律	《昆虫总动员》
		保护自然环境	《潜艇总动员：海底两万里》
		初晓自然伦理	《芬格里：最后的雨林》
	价值体认与理想信念	理解亲情	《宝莲灯》
		学习合作	《三个和尚》
		感受责任	《妈妈咪鸭》
		初识梦想	《狮子王》
		学习英雄	《冲锋号》

（二）小学中段

父母们应该都有这样的经历：许多孩子在一、二年级时还是个纯纯正正的孩子，也就是我们平常所说的"小孩儿"。进入三年级后好像突然长大了、顿悟了，说话做事也开始一板一眼起来。在这个阶段，孩子的学习习惯、学习态度等逐渐趋于稳定。如果这两年间有些不良习惯没有得到及时纠正，就会埋下很大的隐患。我们精选了 20 部电影，这些电影不仅让孩子学会悦纳自我、坚定理想信念，而且能够直面问题，进行自我管理。

学段	类属板块	主题	电影
小学中段	自我认同与心理健康	悦纳自己	《奇迹男孩》
		突破自我	《疯狂原始人》
		崇尚美好	《绿野仙踪》
		适应环境	《寻找声音的耳朵》
		学会交往	《麦豆的夏天》
	传统文化与家国情怀	了解传统	《三十六个字》
		敬亲睦友	《少年闵子骞》
		明辨是非	《哪吒之魔童降世》
		学习英雄	《鸡毛信》
		扫除邪恶	《风语咒》
	自然伦理与生态文明	认识物种多样	《海底总动员》
		树立环境意识	《雪人奇缘》
		理解和谐共生	《蝴蝶》
		主动保护动物	《熊猫回家路》
		审视人类行为	《河童之夏》
	价值体认与理想信念	直面挫折	《路灯下的小女孩》
		助人为乐	《E.T. 外星人》
		乐于合作	《霍顿与无名氏》
		捍卫正义	《疯狂动物城》
		国家认同	《国徽》

(三) 小学高段

五年级学生开始进入少年期，身心的发展正处在由幼稚趋向自觉、由依赖趋向独立的半幼稚半成熟交错的矛盾时期。六年级是小学到初中的一个转折点，六年级的学习既要做好小学六年的知识巩固与复习，又要开始接触初中的一些知识。心理和学习上都会有很大压力，学会合理安排和规划自己的生活是极为重要的。德育目标与中段一脉相承，只是在内容上具有渐进性。

高段的德育内容涉及家国教育、传统文化、民族精神、规则规范、劳动教育、意志品质、心理教育等多个方面。

学段	类属板块	主题	电影
小学高段	自我认同与心理健康	心怀希望	《流浪地球》
		超越自我	《天上掉下个琳妹妹》
		积极创造	《听见天堂》
		回归自我	《西游记之大圣归来》
		珍爱生命	《寻梦环游记》
	传统文化与家国情怀	继承传统	《毡匠和他的女儿》
		追求梦想	《旋风女队》
		直面困境	《惊心动魄》
		仰慕英雄	《烈火英雄》
		心怀家国	《我和我的祖国》
	自然伦理与生态文明	感受地球神奇	《我们在这里：生活在地球上的注意事项》
		理解依存关系	《我们诞生在中国》
		关注环境问题	《蜂蜜之地》
		理解环境灾难	《海洋》
		主动参与环保	《二月泉》
	价值体认与理想信念	追求自由	《少年斯派维的奇异旅行》
		崇尚民主	《十二公民》
		互相成就	《夏洛特的网》
		坚守正义	《穿靴子的猫》
		追逐梦想	《大鱼》

（四）初中学段

初中学段是学生思维发展、品德发展的质变期，从心理学的角度来说，孩子们面临着叛逆和青春期等重大问题的挑战。初中学段德育影视的任务是通过理想与信仰、坚守与放弃、努力和坚持、理解青春等丰富的主题，引导学生形成直面现实、勇于接受挑战的心理品质。

学段	类属板块	主题	电影
初中学段	自我认同与心理健康	恰当的异性交往	《怦然心动》
		巧妙的亲子沟通	《勇敢传说》
		和睦的家庭关系	《狗十三》
		自信的个人追求	《红衣少女》
		积极的勇于探索	《鹬》
	传统文化与家国情怀	知荣辱	《我的1919》
		立志气	《夺冠》
		学党史	《建党伟业》
		晓过去	《末代皇帝》
		爱国家	《金刚川》
	自然伦理与生态文明	物种多样	《海洋奇缘》
		持续发展	《十八洞村》
		珍爱生命	《唐山大地震》
		和谐共生	《阿凡达》
		守护家园	《南方的野兽》
	价值体认与理想信念	自立自强	《钢琴家》
		明辨是非	《完美的世界》
		立己达人	《秋之白华》
		信守承诺	《一个都不能少》
		价值体认	《孙子从美国来》

(五) 高中学段

从人的身心发展来看，高中生在身体发育成熟的同时，自我意识明显增强，独立思考和处理事情的意识与能力不断加强与提升，初步的世界观、人生观、价值观快速形成。高中学生一方面在心理和行为上表现出强烈的自主性，另一方面对升学和专业的选择进入预备期，他们开始面对越来越重要的模拟考试和综合考试排名。随着高考日期的临近，他们升入大学尤其是升入好大学的愿望越来越强烈，心理压力越来越大，情绪波动比较大，这一时期是心理问题的高发期。从中小学德育的发展目标来看，这一时期在加强学生心理疏导的同时，重点应放在人生规划方面，加强正确的人生观和理想信念等方面的人文教育，培养其科学、理性的思维方式，给予其更多的关于人生规划和职业选择的指导，帮助其形成正确的世界观、人生观和价值观，以明确努力的方向。

学段	类属板块	主题	电影
高中学段	自我认同与心理健康	认识自我	《楚门的世界》
		生命尊严	《爆裂鼓手》
		尊师守纪	《老师·好》
		解放心灵	《心灵捕手》
		逆境觉醒	《逆光飞翔》
	传统文化与家国情怀	文化典籍	《敦煌》
		立己达人	《功夫》
		责任担当	《黑骏马》
		为国争光	《横空出世》
		崇德弘毅	《平原上的夏洛克》
	自然伦理与生态文明	生态现状	《三峡好人》
		守护行动	《勇往直前》
		乡土情怀	《无言的山丘》
		人与生态	《塬上》
		人类命运	《驭风男孩》
	价值体认与理想信念	诚实守信	《信·守》
		相信未来	《阿甘正传》
		社会责任	《攀登者》
		坚韧向上	《百万美元宝贝》

高中学段
德育影视课程的设计说明

孩子们从小学到高中的学习有两次爬坡和分化阶段：第一次是初中一年级，主要是思维类型的转化带来的，由原来的以形象思维为主转向以抽象思维为主，加上青春期的到来，叛逆情绪的爆发，一些孩子的学习态度和成绩会出现较大的问题，而发展良好的孩子则顺势而上，第一次分化出现。

第二次是高一上学期。高一学段高中各学科的深度和难度跃上新的台阶，较之初中跨度很大，特别是数学、英语和物理学科，很多学生都出现成绩大滑坡，一些学生甚至出现了不及格的情况。由于高中阶段的学习直接关乎高考，学习状态的变化更让家长和孩子们感到困惑与焦虑。这一阶段的孩子如果不能很好地调整并适应学习方式的改变，会出现成绩上的严重分化，因而造成心理的挫败感和自我怀疑。由此，一些孩子开始沉迷于电子游戏，通过打怪升级来补偿成功感，安顿内心的安全感；还有一些孩子会出现心理问题，常见的有焦虑、抑郁、强迫、偏执、敌对等。

到了高二，学生对高中的新鲜感渐渐消失，老师和父母也对他们的关注有所降低。这些变化就很容易使学生在这个阶段产生孤独感和失落感。很多学生的目标开始变得模糊起来，与高一时比似乎丧失了雄心壮志，与高三学生比还没有面临高考的紧迫感，如果再遇到一些挫折，特别是考试成绩不理想，就很容易出现心理的动荡和思想的茫然。有调查显示，一半以上的学生感到整个高中阶段成绩明显退步，其中大部分学生感到这个阶段出现在高二。

高三一开始，学生们对升学和专业的选择就进入预备期，他们开始面对越来越重要的模拟考试和综合考试排名。随着高考日期的临近，他们升入大学尤其是好大学的愿望越来越强烈，心理压力越来越大，情绪波动比较突出。一些学生为了提高自己各方面的技能和成绩，不讲科学急于求成，当达不到自己预期的效果时，就会产生深深的失落感等一系列生理和心理上的问题，紧张、焦虑、强迫、偏执等会成为困扰学生情绪的主要问题。

从人的身心发展来看，高中生在身体发育成熟的同时，自我意识明显增强，独立思考和处理事情的意识与能力不断加强与提升，世界观、人生观、价值观快速形成。高中学生一方面在心理和行为上表现出强烈的自主性，另一方面对环境和学习的失控感又常常让他们手足无措，刚进入高中阶段的孩子面临的挑战超乎预期，心理起伏较大，是心理问题的高发期。

从中小学德育的发展目标来看，这一时期在加强学生心理疏导的同时，重点要学习运用马克思主义基本观点和方法观察问题、分析问题和解决问题，增强学生的理性思辨能力，并努力形成社会主义核心价值观，增强公民意识、社会责任感和法治观念。

在人生规划方面，加强正确的人生观和理想信念等方面的人文教育，培养科学理性哲学的思维方式和能力，给予学生更多的关于人生规划和职业选择方面的指导，帮助学生形成初步的世界观、人生观和价值观，以明确努力的方向。

根据这一阶段学生的特点和面临的问题，结合具体的德育目标，我们精选了四个专题十九部电影，旨在培养学生良好的自我认知、健康的心理素质、科学的生态文明观、远大的理想以及坚定的信念。

第一板块 自我认同与心理健康

01 认识自我

02 生命尊严

03 尊师守纪

04 解放心灵

05 逆境觉醒

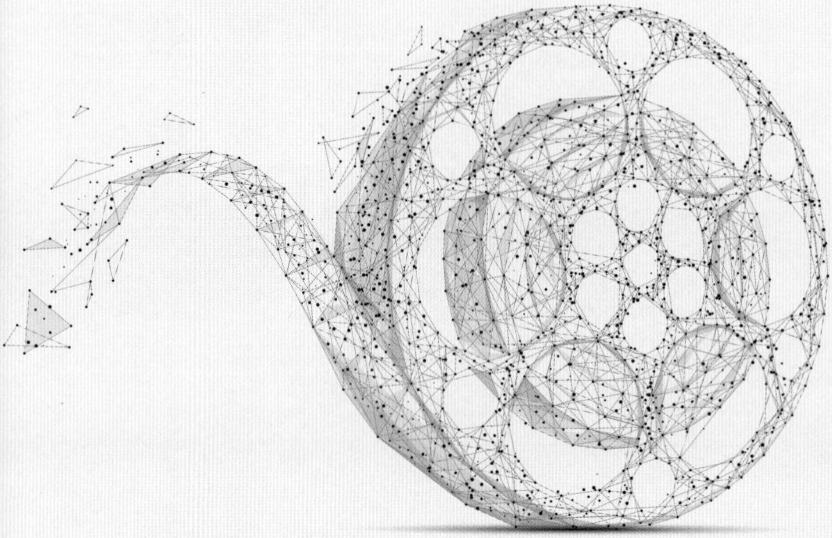

寻找自我，破除心障
电影《楚门的世界》

□ 姜新华（黑龙江省七台河市教育研究院）

导演：彼得·威尔

类型：剧情

制片国家／地区：美国

上映年份：1998年

德育主题

《楚门的世界》是一部寻找"我是谁"的电影。楚门的生活完全是被控制的,楚门意识到后做出了很多反控制的行为,表达了追求自我的坚定信心。本片有助于启发观众更好地思考自己的生活,更清楚地认识自己。

电影赏读

一、情节回顾

楚门在上班途中意外地在大街上看见已经去世的乞丐模样的父亲,他跑向父亲,大声喊着父亲,但被突然出现的人群隔开了,父亲被推上了一辆公交车带走了。父亲的死一直是楚门的心结,小时候跟父亲一起出海游玩,遭遇风暴,眼睁睁看着父亲淹死在海水中,楚门因此而落下恐水的心理症结。楚门把看到父亲的事情跟母亲说,母亲说他看见父亲是因为思念而产生的幻觉,楚门半信半疑。楚门还常常觉得很奇怪,妻子总是拿着一样东西说一些像广告语的话。

楚门有一个去斐济岛旅游的愿望,真实的想法是去找他的初恋女友。相处很好的女友被家人强行拖走,说她有精神病,并要搬家到斐济岛。女友临别时告诫他:周围的一切都不是真的。楚门满腹狐疑。

妻子一直反对楚门的旅游计划,但楚门终于耐不住而强行带妻子开车出走。途中遇到了各种麻烦,最终因为暴发疫情而被遣送回家。好朋友马龙为了安慰楚门，找来了楚门的父亲。楚门暂时安定下来，但内心的怀疑没有消除，最后找到一个机会逃离了桃源岛。

事实是，楚门是一个孤儿，被"困"在片场多年，电视台把他的工作和生活做成了一档24小时直播的真人秀节目，收视率很高。导演为了制止"演员"逃走，掀起人为的海浪，但楚门决心已定，即使最后导演分析利弊，楚门也依然走出布景，走向自己想要的生活。

二、主题解读：
寻找真实的桃花源

人们心中都有美好的理想，像陶渊明笔下的桃花源一样美丽，只是随着年龄的增长，很多人都不知不觉地迷失在庸常的现实生活中，当初的梦想已不复存在。但也有些人总是不忘自己的理想，总是在探究着"我是谁"这样的问题。《楚门的世界》就是讲述这方面内容的一部电影。

平静生活中的理想与心结

楚门从小就生活在桃源岛，开朗乐观，是一名公司职员，有个美丽的妻子。他跟妻子说想去斐济岛旅游，妻子说你得考虑房贷、车贷，将来还要有孩子，言外之意是你省省吧，好好过日子。

楚门虽然表面上答应不去了，但并未死心，因为斐济岛有他的初恋。当年在上大学时爱上了一个美丽的少女，正想进一步交流，可那位女生却一下子不见了。后来在一次舞会上又跟那个心仪的女生再次邂逅，彼此愈加倾心，但那位女生莫名其妙地被强行带走。在学期考试的前一天晚上，楚门在图书馆又遇到那位女生，在女孩的引领下，两人悄悄溜出校园。女孩告诉他这一切都不是真的，而是为他设计出来的，不要相信周围人说的话。这时有辆车疾驶而来，一位自称是女孩爸爸的男人，说女孩有精神病，总是把男孩子带到这里来。女孩被强行带走，但嘴里喊着让楚门去

找她，那位爸爸就说准备搬家到斐济岛。楚门怅然若失地看着女孩远去，只剩下女孩掉在地上的上衣。

楚门不能忘却的事情不仅仅这一件，他对自己父亲的死也一直心存疑惑。小时候爸爸带着他出海游玩，楚门不小心把船驶向风暴，爸爸坠入海中，楚门眼看着爸爸沉没到水里，尸体都没找回来，楚门因此患上恐水症。楚门深陷在愧疚和思念中，且对没找到父亲的尸体心有不甘。带着这种愧疚，楚门渐渐长大了，某一天忽然在大街上看见沦为乞丐的老父亲，他冲过去，喊着爸爸，但爸爸很快被人推上了公交车。楚门紧追，被乱七八糟的人群冲撞着，被开过来的汽车阻挡着，费尽力气追上公交车，车门却已经关上，开走了。楚门很沮丧，也很奇怪，就到母亲那里说看见爸爸了。母亲就安慰他说可能是思念过度出现的幻觉。楚门确实很想念爸爸，这是他心里挥之不去的一个结。

一探究竟

楚门逐渐地发现生活中有一些奇怪的事情。

一天，楚门的车载收音机出现了故障，在汽车上听到一段对话，而且对话的内容竟然是自己的行踪！楚门意识到自己被跟踪了，可能与自己的父亲没有死有关系。他到最好的朋友马龙那里，说出了自己的疑惑，并强行拉着正在工作的马龙跑到海边，楚门说要出一次远门。但马龙说自己出去过，感觉哪里都没有桃源岛好。

　　楚门觉察到妻子也不对劲，总是莫名其妙地介绍一些产品。他先是跟踪妻子的行踪，后来直接劫持妻子开车驰离桃源岛。路上遭遇堵车，但当他掉头再转回来时，竟然一辆车都没有了，楚门意识到这是人为的安排。此时的楚门已经孤注一掷了，原来因为恐水症而不敢开车过桥，现在则闭着眼睛踩下油门，副驾驶座上的妻子在一旁尖叫着把控方向盘，他们在大喊和恐惧中冲过了大桥。但麻烦还是接踵而来，不远处的马路上此时又出现了燃烧的大火，楚门已经豁出去了，毅然开车冲过火焰。紧接着车载收音机播报，前方发生了核泄漏事故，一切车辆必须掉头返回。楚门识破了对方阻挡自己出走的目的，跳车逃跑。但是一群身着防护服的人员经过一番围追堵截，最终由警察把他遣送回家。

　　楚门稍微安静了一阵后，开始怀疑妻子也是同谋，于是就愤怒了。妻子惊恐地拿起身边的餐具刀叉阻挡疯狂的楚门，楚门一把抢过来，抱住妻子追问是不是同谋。这时好朋友马龙突然而至，妻子乘机跑开，她吓坏了。马龙带着楚门来到一座桥边，倾诉衷肠：你说所有人都是同谋，那我也是吗？我

们一起长大，怎么能骗你呢？楚门被马龙的真诚打动了。正当楚门感动时，马龙让楚门往另一处看，"溺水而死"的爸爸缓缓地向楚门走来！父子俩抱头痛哭，楚门本来就一直不相信爸爸死了……

一切回到正常的状态。楚门安静下来。

冲破牢网

楚门的怀疑是有道理的，这一切确实都是人为设计的。这是一档大型真人秀节目，楚门作为一个孤儿，在婴儿时就成为节目的主角，只是楚门完全被蒙在鼓里，他是本色出演，而其他人都以楚门为中心，是导演设计下的有脚本的演员。整个桃源岛就是一个巨大的片场，布置了无数的摄影镜头，楚门每天的生活被24小时全球直播。

这档节目很成功，成为最受欢迎的节目，广告收益颇丰。有人质疑这对楚门不公平，节目导演解释说，楚门生活得很幸福，谁又能保证他在真实的世界不被欺骗呢？在这里他反而被保护得很好。为了提高收视率，导演公开宣布，借着夫妻的矛盾让楚门的妻子离开一段时间，为楚门设计一场婚外恋，要播放露骨的情节。这是在为节目的收视率造势，为了更大的利益。

　　楚门意识到自己处在严密的监控之中，于是秘密地借助一个充气娃娃伪装成自己睡觉的样子，并用录音机持续播放呼噜声。节目组被蒙蔽了，楚门悄悄地驾着帆船离开了桃源岛。

　　警觉的导演于平静之中发现了自己被骗，全岛总动员，地毯式搜寻楚门，一番折腾后才想到楚门可能已经战胜了对水的恐惧，而从海上离开了。

　　镜头搜寻到驾船行驶的楚门，为了阻止他离开，导演命令启动机关掀起大浪，楚门被掀翻到海里，他拼力游回到船上。楚门大喊："你阻止不了我，除非你杀了我！"楚门为了防止再次被甩到大海里，就把自己绑在船上，但整条船被掀翻了。为了不伤及楚门的生命，导演终止海浪，转而风平浪静。阳光下，楚门重新回到船上，继续前行，毫不退缩。

　　导演拉起海上围墙，阻挡了楚门的船。导演告诉楚门这一切都是他创造的，生活在这里幸福安全，楚门是全世界瞩目的明星，而外边的世界充满了虚假、欺骗和谎言。楚门安静地听着，幽默地说起了自己打招呼的口头语："如果今后再见不到你，祝你早、午、晚都安！"向着镜头优雅地鞠了一躬，然后从容地走进通往外面世界的那扇黑洞洞的门。

楚门告诉了我们什么？

这是一个虚构的故事，楚门的人生是人为设计的，我们的现实世界中没有楚门。在这种虚幻中，我们受到怎样的触动？这部电影又想通过楚门的故事传达怎样的观念？

虚构的楚门的生活，难道不是现实中很多人生活的缩影吗？我们虽然没有被一个具体的导演控制，但是否也被一些固定的、流行的观念控制着呢？比如：女生不适合学理科；考大学要选择好找工作的专业；成功的人生就是挣大钱当大官……

这部电影的核心价值在于楚门的觉醒。由于见不到初恋的女孩，他结婚了，但心中始终不能忘记她搬家到斐济岛这件事，一直惦记着要去找她。他思念她，借着一些杂志的人物照片，拼凑出女孩的大致模样，他逃出桃源岛时就带在身上。面对导演的威胁，他毅然决然地选择离开，走出桃源岛，过自己想要的生活。

这是爱的力量，更是生命的力量。每一个生命都有自己独特的愿望，每个生命都想做自己，按照自己的理想去生活，可能会遇到一些挫折，但如果你只为了安全，不想经历风浪，那只能做傀儡受人摆布。楚门的觉醒与抉择是一个人应该有的智慧和勇气，所以，观众面对楚门最后的出走，集体欢呼。这说明所有人都希望过自己想要的生活，既然这样，让我们和楚门一起，毅然上路吧。

电影对对碰

一、观影准备

1. 每个人都会对自我有一个大致的判断，请写出自己的10个特点。

2. 有人说"你以为某些观点是你的，其实不一定是你的，只不过是别人或社会的观点加在了你的身上"。你对此有何看法？

二、电影沙龙

1. 试着整理一下这部电影的主要情节。

提示：不同的情节概括是不同理解的反映，这是更好地探究电影主题的基础。可以参考前面的"情节回顾"。注意要说清楚楚门是谁，楚门的生活是怎么被安排的，楚门最后的抉择是什么。

2. 设计楚门生活的导演，是为了楚门有好的生活还是另有所图？你愿意成为这种安排下的主角吗？

提示：也许导演最初的目的比较单纯，就是想见证一个人的成长。导演也许想借助楚门的成长，引发观众对自己成长的共鸣与反思，从而启发观众更好地生活。但随着收视率的提高，广告收益随之剧增，受利益的驱使，导演在平息楚门第一次出走风波以后，公布了进一步提高收视率的婚外情的策划方案。这个时候，导演已经不那么纯粹了。

没有人愿意成为被安排的角色，每个人都希望成为自己的主人，楚门的最终出走也说明了这个问题。问题是我们得有能力洞察自己是独立自主还是被控制，这样才能割断依附，从而独立地成长起来。

3. 楚门已经结婚，还一直念念不忘自己的初恋女友，甚至还想着去找她，这样做是道德的吗？说说你的理解。

提示：首先要明确的是，婚外情肯定是不对的。其次，要理解楚门的斐济岛旅行计划的象征意味，即这是真正爱情的象征，而爱情是生命力的表现。电影中的楚门去斐济岛旅游不是自己单独行动，而是要和妻子一起去，楚门此行的目的只是一探究竟，看看原来的初恋女友生活得怎么样，也想解开女友分别时为什么告诫他不要听别人的话的疑惑。后来，当楚门知道自己的生活包括自己的妻子都是被安排的时候，才毅然决然地选择要独自出走。明白其中的原委，就可以判断楚门的行为是否合乎道德。这其中也显示了楚门内在的生命力量。

4. 评价一下楚门决绝的出走。有人说这是自私地寻找爱情的表现，有人说这是自我独立性的勇敢追寻，你怎么看这个问题？

提示：楚门执着地追求爱情的行为本身，是否寄寓着楚门对自我主体性（独立性）的执着追寻？他不想过被安排的生活，他要过属于自己的生活。虽然现在的生活幸福安乐，但缺乏必要的激情，刻板的重复，日复一日。妻子也是被安排的，妻子是演员，是工作的需要才跟他生活在一起，他们之间没有爱情。

影片还表现了几组小人物，为了看楚门的直播，有整天泡在浴缸里不工作的男人，有因此耽误工作的保安，有两个一起生活的老姐妹，也有酒吧里的女侍者等。这些人代表着十几亿的观众，他们的生活虽然跟楚门的生活内容不一样，但性质很相似，都感觉自己也是被安排的，只不过楚门是被有形的力量控制，而这些人是被无形的观念控制。但这不代表他们内心没有成为自己的愿望。所以，看到楚门最后毅然离开，他们情不自禁地发出欢呼。没有人不想过由自己决定的生活。

楚门的觉醒为我们每一个人敲响了警钟：我还是我吗？我该如何保持自我并顺着自己的兴趣走向未来？这是值得每一个人深思的主题。

5. 交流"观影准备"中的观点。

提示：同学们在对自我特点的把握中，在对自己观念的审视中，会更加理性地认识自我，这是进一步调整自我、发展自我的基础。

拓展延伸

1. 面对楚门的世界，审视我们自己的生活，写写由此受到的触动，借此对自己进行一次整理。

2. 为了深入理解自己的处境以及未来的发展，建议阅读弗洛姆的《逃避自由》。这本书讲到自由是人的本性，但又由于个人力量的渺小，很容易依附于一个强大的集体或者个人，从而逃避自由所带来的恐惧感。阅读这本书，会引发深入的思考。

成长蜕变，生命尊严
电影《爆裂鼓手》

□ 姜新华（黑龙江省七台河市教育研究院）

导演：达米恩·查泽雷

类型：剧情 / 音乐

制片国家 / 地区：美国

上映年份：2014 年

德育主题

《爆裂鼓手》讲述的是关于成功的故事,通过鼓手安德鲁追求扬名立万的经历,表现了用合适的方式追求成功的重要性。借助安德鲁的成长经历,我们可以思考自己想要的成功究竟是什么。

电影赏读

一、情节回顾

大学生安德鲁是音乐学院的鼓手,他幸运地进入弗莱彻的乐队。兴奋的心情还没消退就被弗莱彻骂得找不到北。弗莱彻的要求近乎苛刻,队员们大气都不敢出。安德鲁怀揣着梦想,只能苦练。一次演出前,核心鼓手丢失了乐谱,安德鲁毛遂自荐。演出成功,他成为核心鼓手。没有那么多一帆风顺,在一次比赛前安德鲁乘坐的大巴车爆胎,中途抛锚,他只能租车前往,但不慎把鼓棒落在车内。弗莱彻要换掉他,安德鲁极力争取,回去找鼓棒,祸不单行,又遭遇车祸,被大卡车撞得头破血流。安德鲁满脸是血地上场,但因为有伤而演砸了。安德鲁爆发了内心的愤怒,一下子扑倒了弗莱彻。安德鲁被学校开除。

弗莱彻的一个队员自杀,家长就追究弗莱彻严苛管理的责任,相关部门找到安德鲁,安德鲁提供了弗莱彻在精神上折磨人的证据。校方开除了弗莱彻。

后来,弗莱彻要组织一个演出,邂逅安德鲁,并邀请他加入乐队。演出前,舞台上的安德鲁发现弗莱彻让自己练习的曲子不是要演出的曲目,而且谱架上

没有乐谱。弗莱彻黑着脸说知道是他告的状。安德鲁跟不上演奏,沮丧地准备离开,但他忽然升腾起一股斗志,重新跑到台上打起鼓来,并指挥着乐队奏起新的曲目。无论是个人独奏,还是乐队的整体表现都很成功,安德鲁大放异彩。

二、主题解读:寻找适宜的成功之路

追求成功是人之常情,没有人希望自己不值一钱。在追求成功的路上,不同的人表现也不一样,有的人适可而止、知足常乐,有的人殚精竭虑、不惜一切。这里面需要思考的是,究竟怎么做才是适宜的追求成功的方式?《爆裂鼓手》就是一部引发我们对此进行思考的影片。

加入最好乐团

大一学生安德鲁是美国最好的音乐学院——谢尔弗音乐学院的一名鼓手,他练习得很认真,从小就热爱打鼓。学校的著名指挥弗莱彻选他加入自己的交响乐团,这可是学院最好的乐团。这对安德鲁来说是一个绝好的机会,原来只能景仰,现在成为其中一员,安德鲁满心兴奋。

去乐队的第一天早上,天还没亮,安德鲁就赶到学校,这是弗莱彻要求的时间，可是，安德鲁急三火四地赶到学校却发现排练室一个人也没有，快到9点时，队员们才陆续赶到。这个情节让人一头雾水，引发了观众的好奇，弗莱彻为什么要这样？

乐队指挥弗莱彻来到教室时是9点，分毫不差。弗莱彻以"毛孩子"的称呼向大家介绍安德鲁。

合奏练习在紧张而又有些压抑的氛围中开始。有个成员跑调了，弗莱彻大怒，连喊带骂地揪出一个人，当他承认是自己跑调时，弗莱彻怒骂着赶走了他，满嘴脏话。弗莱彻看他走后，意味深长地说：他没跑调，跑调的是另一个人，自己不知道跑调多可怕！弗莱彻并没有揪出真正跑调的人，这行为很诡异，让人莫名其妙。

场中休息时，安德鲁不敢休息，紧张地把五线谱改成简谱，因为再开场时弗莱彻要听他打鼓。这时弗莱彻过来，很温和地问他父母的职业，告诉他要放松、要多听经典，还提到一个著名乐手在成名前曾经因为表现不好而被教练用镲砸，鼓励他要相信自己。

安德鲁开始打鼓，弗莱彻最初是赞美，鼓神在世之类的话都说出来了。发现问题后弗莱彻耐心地教。不满意时，他竟突然抡起椅子砸了过来，幸好被安德鲁本能地低头躲过。然后他走到安德鲁面前大声训斥，还打了安德鲁四个嘴巴，他骂着脏话，嘲笑安德鲁的眼泪，让原来的鼓手换下了安德鲁。

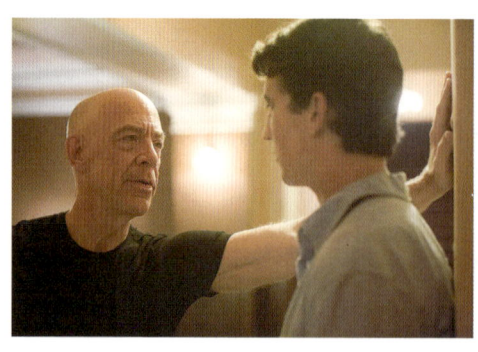

排练结束后,安德鲁羞愧并仓皇地逃出学校。

为出人头地孤注一掷

安德鲁很受伤、很灰心,但看着自己的偶像爵士鼓王巴迪·瑞奇的书和宣传画,他又获得了力量,振奋起来练习打鼓。手磨出了血,粘上创可贴继续;手累肿了,在冰水里冷敷一下继续。

功夫不负有心人,安德鲁等来了机会。在一次乐队比赛前,首席鼓手丢失了乐谱,由于事先没背谱无法演奏。安德鲁毛遂自荐,弗莱彻让安德鲁顶替了首席鼓手。这次演出很成功,乐队再次获得了第一名。

正当安德鲁得意的时候,弗莱彻找来安德鲁原来的队友,要代替安德鲁,加上原来的鼓手,出现了三个人竞争一个核心鼓手的局面。

安德鲁为了专心练鼓,终止了与女友的交往。

为了专心练鼓,安德鲁抛开一切干扰。在弗莱彻严格的考核下,安德鲁最终赢得了核心鼓手的位置。

意外出局

人的成长不总是那么一帆风顺。一次演出前,安德鲁乘坐的大巴爆胎,为了在规定时间内赶到只能租车前往。好不容易在演出前十几分钟赶到现场,但

鼓棒忘在了车上，弗莱彻气得大骂。安德鲁坚决不让其他人代替自己，坚持回去找鼓棒。在回来的路上，他不幸遭遇车祸，被大车撞得头破血流，但他依然坚持上场。由于受伤，演奏中鼓棒脱手。演出搞砸了，教练向观众道歉，安德鲁长久压抑的情绪突然爆发，愤怒地冲过去把弗莱彻按倒在地上暴打起来。

安德鲁被学校开除。弗莱彻也因之前教过的学生抑郁自杀而被家长举报。相关人员找到安德鲁，询问是否也遭到不公正待遇。安德鲁经过一番思索后同意做证：弗莱彻蓄意在精神上折磨人。弗莱彻因此被学校解雇。

鼓技爆发

安德鲁放弃了音乐。一日闲逛，他发现弗莱彻在一个酒吧弹钢琴。弗莱彻也发现了安德鲁，并叫住了安德鲁，两人坐到一起回忆往事。弗莱彻很真诚，安德鲁很感动。

弗莱彻说自己正在组织一个很重要的演出，对鼓手不太满意，希望安德鲁参加。安德鲁同意了，重操旧业，迅速投入到刻苦的练习中。演出前，安德鲁意外地发现乐队马上要演奏的曲目不是弗莱彻之前告诉他的，而且他的谱架上没有要演奏的曲谱，而其他人却都有！正不知所措，弗莱彻黑着脸走过来，说知道自己被辞退就是安德鲁告的状！安德鲁意识到自己被耍了，正如弗莱彻之前的警告：台下坐的都是音乐界的名人，他们会清晰地记得每个乐手所犯下的错误，并不再给机会。弗莱彻这是要断送安德鲁在音乐界的前途。

安德鲁懊恼地走下舞台，父亲在台下等他，给了他深深的拥抱。安德鲁仿佛一下子获得了力量，重新回到台上，他先打出节奏，告诉乐队接下来要演奏的曲目，美妙的交响乐流淌出来了，弗莱彻也在惊异中跟着指挥起来。一曲终了，安德鲁没有停止，继续着疯狂的鼓点，来了一段精彩绝伦的个人独奏。弗莱彻问他在干什么，他喊："听我的提示！"爸爸在幕后也看傻了，以为孩子疯了。弗莱彻被安德鲁的鼓点征服了，露出满意的表情，随即指挥乐队开始了新的演奏。电影在鼓点中结束。

我们该怎样安顿生命

这部电影的原名是"Whiplash"，直译是鞭打。影片的汉语译名有《鼓动真我》（香港）、《进击的鼓手》（台湾）。这些译名似乎在宣布：这是一部励志片。所谓"宝剑锋从磨砺出，梅花香自苦寒来""天才是1%的天赋加上99%的汗水"，只有如是的艰苦努力才能成就一番事业。安德鲁从小就热爱打鼓，但是在没遇到"金牌"指挥弗莱彻之前很普通，在弗莱彻严格的训练下成为核心鼓手并最终征服了观众。弗莱彻貌似很擅长激励人的

技巧，比如故意偷走原核心鼓手的曲谱（虽然电影中没有明示），比如让三个人竞争一个核心鼓手的位置，甚至以置之死地而后生的方式（演出前告诉他错误的曲目）以激发安德鲁的内在力量等。

另一种观点则与之相反，他们认为这是一部讽刺片。弗莱彻把人性中的丑恶渗透在教育中，对乐队成员非打即骂，不断地威胁，还给安德鲁设计陷阱，为的是报复安德鲁当年的告发，如果不是安德鲁训练有素，就完全被弗莱彻断送了音乐前程。

安德鲁也是一个很有争议的人物，他在名声的追求中放弃了尊严，只要"鼓打得好"，一切都不算什么。这是对人的异化，人不再是目的，而变成实现某种目的的工具。

一般而言，我们坚持认为，道德是一切行为的底线，舍弃道德就是背离人性，当人性缺失时，任何的成功都毫无意义，甚至越大的"成功"对人性的伤害越大，不但会伤害做事者本人（安德鲁和弗莱彻），还会伤及一些跟随者。

"我要到哪里去？"一定是源于自己的热爱，但同时不能背离道德，不能只是为了外在的虚名，这样才会找到自我，才能在这条努力的路上获得成功与幸福。

电影对对碰

一、观影准备

1. 你的理想是什么？实现这个理想的策略是什么？是否影响了你的正常生活？

2. 人在追求成功的过程中，可以违背道德吗？为什么？

二、电影沙龙

1. 安德鲁追求的成功是什么样的？你赞同他的这种成功的方式吗？为什么？

提示：成功有两种目的，一是为了赢得别人的认可，从而获得尊严感；一是完成自己内在的生长需要，不追求外在的名声。前者依赖别人的态度，后者只有自己的标准。前者容易迷失自我，后者逐渐强化自我。安德鲁追求的是第一种成功，他在家庭聚会时说："我宁愿酗酒、吸毒 34 岁就家破人亡，成为人们餐桌上的话题，也不愿腰缠万贯、满面红光地活到 90 岁，但是没人记得我。"安德鲁为了练鼓，还中断了与女朋友的交往。即使到最后靠自己的实力战胜弗莱彻，依然是为了证明自己的能力而不是为了音乐本身。这种为了外在的目的而苦练本领，可能会达到比较高的水平，但内心不快乐，也不会创造出伟大的音乐。

2. 你如何评价弗莱彻的教育方法？对于安德鲁的成长，弗莱彻起到怎样的作用？

提示：弗莱彻对安德鲁的成功起着巨大的作用。他要求严格，找另外的鼓手展开竞争以刺激他努力，创造让安德鲁上台的机会（原来核心鼓手的曲谱丢了，很可能是弗莱彻故意拿走的）。与此同时，弗莱彻也是苛刻、残酷、暴虐的，甚至使用阴谋诡计。这合适吗？有人认为方法不重要，只要能帮助人成功，就是好的老师；有人认为美好的目的不能用不美好的方式，不能伤害人（辱骂、体罚、陷害等）。

3. 这部电影的主题是什么？

提示：前面的问题是就电影情节展开的，现在要对整部电影进行透视。电影作为艺术作品，就是想通过一个故事表达某种思想，或者提出一个问题供大家思考。你认为这部电影在揭示什么？

有人认为这是励志，成功离不开努力。弗莱彻说自己不仅仅是做指挥，而且是让人突破自己的极限；世上没有比"感觉不错"更害人的了；虽然没有培养出大师，但不会为自己的努力向谁道歉……

有人认为这部影片反人性，甚至反艺术。人的行为要遵循道德，不仅仅为了成功；艺术需要热爱和天赋，不仅仅是高超的技能。

4. 分析一下自己追求成功的目的以及这种选择的理由。

提示：成长目标有大有小、有长有短。目标制定要全面，既要考虑学习，也要考虑身心发展。所有的目标都要以自己内心的热爱为核心，这是让人生幸福的根本，不要被外在的名声所左右，也不要为了自己的目标而伤害他人或者自己。

拓展延伸

1. 推荐马斯洛的心理学著作《动机与人格》。

这本书指出自我实现者的道德和创造等都会以最佳状态呈现出来，而自我实现的达成，源于内在基础需要的满足。这些基础需要是生理需要，安全需要，爱和归属的需要，尊重的需要。成为自己不是固守自己的个性，而是在满足自己基础需要的基础上，沿着内在的热爱，不断地实现自己的可能性。

2. 推荐影片《卡特教练》。

这是一个篮球教练的故事，但卡特教练不仅仅训练球员的篮球技能，还关注自己职责之外的事情——学生的文化课学习，并希望他们将来都能考上大学。这跟《爆裂鼓手》中的教练弗莱彻有很大的区别。

3. 围绕"我要到哪里去"这一话题，结合《爆裂鼓手》以及其他你所掌握的资料，写出你的思考、经历和感受。

师生情谊，成长故事
电影《老师·好》

□ 姜新华（黑龙江省七台河市教育研究院）

导演：张栾

类型：剧情

制片国家／地区：中国

上映年份：2019 年

德育主题

《老师·好》这部电影通过苗老师及其学生的故事，通过略带悲剧色彩的事件，表明积极向上的重要性。人的成长中需要自由，但也需要纪律，这样才能让成长有秩序地进行。

电影赏读

一、情节回顾

苗老师是一位受地区嘉奖的优秀教师。新接了一个班，首先开始的是师生之间的斗智斗勇。那是20世纪80年代，受"造反有理"流毒的影响，师生关系还比较紧张。刺儿头学生洛小乙书包里装着斧头就进班级了，苗老师也不含糊，厉声宣告自己的小舅子是派出所所长，借以震慑那些想反抗他的学生。洛小乙跟爷爷长大，不喜欢学习就想参军，但参军得先入团。他就请同学代写入团申请书，但因为写得不靠谱而未被批准。班级里学习最好的同学——班长安静重新帮他写了一份申请书，同时还在公园里帮他补习功课。这一幕被嫉妒安静的关婷婷看到，就向老师检举他俩谈恋爱，这导致洛小乙入团的事再次被搁置，安静的班长职务也被暂停。安静学习好，课余时间帮助一些同学补课，苗老师为了不耽误安静的学习就把这些孩子接到家里免费补课。苗老师的这一行为直接影响了另一位语文老师的利益（这位老师收费办班，苗老师不收费抢走了他的学生），他向教育局诬告苗老师收费办班。安静为了替苗老师伸冤，不幸在路上遭遇车祸而未能参加高考。苗老师为生病的学生捐款，送洛小乙去医院看望生病的爷爷。他想方设法提高学生们的学习成绩，赢得了同学们的尊重，但安静的受伤成为他永远的痛。

二、主题解读：
无规矩不成方圆

人的成长中总要受到纪律或者规则的制约，有的人能很好地接受，毕竟无规矩不成方圆，可有的人就不喜欢被束缚。教师的工作中，就有一部分内容是强调纪律和规则的重要性，以管理和教育那些不喜欢遵守纪律的学生，因为这不但是学生成长的需要，也是保证别人的利益不受到影响的需要。电影《老师·好》就是从学生的纪律问题展开的。

书包里装着斧头的洛小乙

苗宛秋是地区的优秀教师，上级奖励了他一辆自行车。新学年，苗老师又新接手了一个班级。

苗老师管理班级很严格，刚开始就给几个刺儿头来了个下马威。那时候的学生可不好惹，他们私下串通好准备破坏苗老师的心爱之物——自行车。苗老师其实也担心学生破坏，把自行车放在老师办公室的对面，从窗户就能看见。淘气的学生为了转移苗老师的注意力，安排一个学生到苗老师办公室

主动检讨没写作业的事情，看苗老师没太在意，就又在办公室跳起迪斯科，借此吸引苗老师和其他老师的注意力，以掩护同伴把自行车的后轮挡泥板卸掉。这些学生得逞了，苗老师当天骑车回家路过一小水坑，甩了后背一溜儿泥水。苗老师很气愤，利用体育课破案。苗老师以为是大刺儿头洛小乙干的，但班级学习最好的女生安静却证明，事发时间一直给洛小乙补课，他没有作案的机会。

洛小乙跟爷爷长大，总想当兵。他沾染了一些坏习气，经常像小地痞一样打架斗殴。第一天报到的时候，是带着斧头进班的。苗老师也不含糊，告诉学生自己的小舅子是派出所所长，警告学生不要张狂。洛小乙听说当兵要先入团，就请班级的一个男生帮着写了入团申请书，准备放学后在苗老师下班的路上交给苗老师。苗老师还以为洛小乙要报复他，抓起一扫把乱挥，谁知洛小乙只是交给他入团申请书。但宣布入团名单时没有洛小乙，因为他的入团申请书是那位同学抄的一段武侠小说中的言辞。

洛小乙没能入团，就跟班级那几个刺儿头混日子，千方百计地作践苗老师心爱的自行车。安静看不下去了，就悄悄写好一份入团申请书让洛小乙自己抄好上交。洛小乙自然是大受感动，也开始变得规矩起来，终于赢得了可以申请入团的资格。可是心生嫉妒的关婷婷却揭发洛小乙跟安静谈恋爱。这可是学校的大忌，随之洛小乙的入团被暂停，安静的班长职务被撤。但真实的情况是，洛小乙觉得该学习了，就请安静帮助自己补习功课，地点就选在了公园，恰恰被关婷婷看到。

洛小乙可不受这个气，他跑到关婷婷家大闹一通，虽然只是上桌吃饭抽烟喝酒，关家却报了警。苗老师出面调停，关婷婷的父亲也改变了严惩洛小乙的初衷。洛小乙看不到希望，就再次与原来的地痞们混在一起，不再去学校读书了。苗老师没有放弃，到处寻找洛小乙。功夫不负有心人，苗老师最终还是把洛小乙劝回了学校，安静这时也主动帮助洛小乙，还为他洗干净了书包。

被暂时停职的优秀教师

苗老师只注重学生的学习，不关注学生的文艺活动，也不容许学生浪费时间干别的。安静是班级学习的佼佼者，但应同学邀请，放学后为他们补课。苗老师及时制止了安静的行为，但为了这些想学习的孩子，他免费为这些学生补课。免费上课的行为吸引了很多学生，以至于同校老师私下办的收费补习班的学生都流失了。这位老师很生气，就向教育局诬告苗老师私下办收费补习班，苗老师被暂时停职。

这时候的苗老师已经不知不觉中成为学生们尊敬与爱戴的老师了。之前

有个学生做手术，苗老师就组织同学捐款，自己也捐献了一个月的工资。苗老师还请同学们到家里做客，这时同学们才知道苗老师当年竟然考上了北京大学，但因为家庭成分不好而被调剂到师范大学。苗老师成为同学们心中的偶像。

　　正在上课的洛小乙接到爷爷住院的消息，拔腿就跑。苗老师骑自行车驮着洛小乙赶往医院。洛小乙的爷爷没有大碍，苗老师的自行车丢了。同学们自发组成自行车寻找队伍，背着苗老师，在整个城市里搜索苗老师的自行车。最终还真找到了，苗老师虽然心里感动，但痛心学生们浪费掉的时间，呵斥他们赶紧回去学习。

班长安静面对苗老师的停职处罚非常气愤，硬闯县政府，找县长为苗老师伸冤。不幸的是，安静在回来的路上遭遇了车祸。

安静因为车祸未能参加高考。后来又参加了两次，皆因成绩不理想而放弃读大学。安静的受伤再次撕碎苗老师内心不能上北京大学的梦想，他无法面对因为自己的事而受伤的学习最优秀的学生，于是申请调到乡村任教，直到退休。

自由与纪律的变奏

这部影片通过展示苗老师带领一个班级的学生成长的故事，从一个侧面揭示了自由与纪律的关系。学生们追求的是自由，老师强调的是纪律。学生们的自由有时会使其远离学习与规范，老师们的纪律则要学生遵守校规，认真学习。真正转变这种对峙关系的，是学生们在一些事情上看见了苗老师的善良。苗老师为了帮助学生筹集治病的钱，组织学生捐款，自己带头捐出了工资。苗老师看着一些学生因没钱上课外补习班，就免费为学生上课。学生们理解了老师的严格确实是为了自己好，自由和纪律得到了完美的统一。电

影的结局虽然是安静受伤不能参加高考,但这种悲剧意味更加警示同学们,要珍惜学习的机会。

电影对对碰

一、观影准备

1. 阅读弗洛姆《爱的艺术》中第二章"父母与孩子之间的爱",理解父爱和母爱。父亲代表着社会规则,帮助孩子理解并遵守社会规则,教师也起着这样的作用。只有遵守合宜的社会规则,才能立足于社会,才能在社会中有所创造。

2. 整理一下自己对自由与纪律的看法,同学们就此话题进行交流。

二、电影沙龙

1. 一些顽皮的学生展开了与苗老师的斗智斗勇,你认为苗老师最终是怎么感动这些学生的?

提示:这些顽皮的学生盯着苗老师珍爱的自行车,展开了五花八门的攻击,目的就是"报复"苗老师的严格管理。苗老师一方面严格管理,一方面用自己的善良感动着学生。学生们在老师对洛小乙、患病学生等的帮助中,被感化了。

2. 影片通过师生间的斗智斗勇,展示了自由与纪律的冲突,你认为自由和纪律是什么关系?

提示:纪律和自由看似一对矛盾体,具体表现在以下两个方面。首先在人的内心深处,一方面向往着无所约束的自由,另一方面也为自我的实现而积极努力；其次在人际交往中，一方面希望自己的权益不受侵犯，另一方面自己的行为可能侵犯别人的利益。

与此同时，人还有一种自我反省的能力，也就是人有道德心，既能创造，又能不侵犯别人的利益，这样才能立己立人，成己成人。纪律和自由是不相冲突的，是人的成长需要的。

拓展延伸

1. 推荐美国电影《热血教师》。

影片记录的是一个优秀教师的真实故事，面对学生的不守纪律和不思上进，老师和他们建立起良好的关系，并让他们遵守一条条纪律，这个班级慢慢成了优秀班级，学生们也从中体验到成长的快乐。

2. 结合自己的经历，总结一下在自由和纪律的协调中成长的经历。思考如何在遵守必要的社会规则的前提下实现自己的价值。

尊重生命，平等交流
电影《心灵捕手》

□ **姜新华**（黑龙江省七台河市教育研究院）

导演：格斯·范·桑特

类型：剧情

制片国家／地区：美国

上映年份：1997 年

德育主题

《心灵捕手》是一部反映解放自我的影片。威尔天赋异禀，但因为童年的伤痛而浪费生命，肖恩教授则帮助他摆脱了心理束缚，开始了不一样的人生。威尔的经历可以促使我们更好地调整自我，找准人生的方向与当下的位置，从而开启全新的生活。

电影赏读

一、情节回顾

威尔从小遭受继父的虐待，后来被送到其他家庭监护，辗转几个家庭长大。他绝顶聪明，能破解麻省理工学院学生们解决不了的难题，甚至连数学教授兰博一些解不出的难题也要找威尔帮忙。但是他却没有读大学，而是和一些像混混儿那样的年轻人混在一起，做着一些卫生清扫、清除建筑垃圾等辛苦而肮脏的工作。他还经常打架斗殴，甚至袭击警察。由于他的聪明，多次为自己辩护成功，但毕竟犯了罪，被关进监狱。兰博教授很珍惜威尔的才能，保释了他，跟他一起破解数学难题，给他推荐工作，找心理咨询师解决他的心理问题。威尔没有认真做任何一件事，解数学题刚开始还挺配合，后来干脆甩手不干了；对教授推荐的工作，一个都没选择；对心理咨询师，借着自己的聪明，极尽嘲讽与捣乱。直到遇到心理咨询师肖恩教授，虽然开始一直在对抗，但后来慢慢地被肖恩教授打动了，逐渐走入自己心灵的深处，认识到自己受童年经历的影响而在走一条错误的道路。童年的惨痛经历不能以非正常的行为来对抗，而要充分发挥自己的特质，好好生活，完全可以获得幸福的生活。威尔最终选择去找自己喜欢的女孩，那个很优秀但被自己一度拒绝的女孩。

二、主题解读：找回迷失的自我

一个孩子无法选择自己所在的家庭，而有些家庭却存在着很大的问题，最极端的就是虐待，这一般来自没有血缘关系的继父或者继母。威尔就是这么一个不幸的孩子，后来在社工人员的帮助下寄养在另外的家庭，但他并不幸运，随后也没有得到善待。这样的经历让威尔形成了很怪异的性格，做出了很多匪夷所思的事情。

破解数学难题的清扫工

数学教授兰博在走廊的黑板上写下一道数学题——傅里叶算式，这是数学界有名的难题，能破解的人不多，随后在课堂上对他的学生们说，希望本学期末有人能解出来，这个人因此会名利双收。但是，一流的麻省理工学院的学生们没有人能解出来。清洁工威尔看见了算式，在周围没有人的情况下在黑板上写出了答案。

当兰博教授得知有人解出了算式时大为吃惊，这可不是一般人能做得到的。本以为会在他的学生中找到这位数学奇才，但并没有。兰博教授就再下战书，在走廊黑板上写下另一道数学难题，这是他花了两年的时间才破解的。之后的某一天，兰博教授无意间发现有人在黑板上解题，赶过去时那人跑开了，一看，就是新写上去的那个数学难题，完全正确！这个解题者又是清洁工威尔。

兰博教授再找到威尔时，威尔正在法庭上为自己辩护。主审法官看不下去威尔的强词夺理，他伤害、盗窃、袭警、拒捕……但却能屡屡成功地为自己开罪，这回法官坚决地判他坐牢，保释金五万，不得上诉。兰博教授保释了威尔，并向威尔提出两个条件，研究数学和接受心理咨询。

好心得不到好报的兰博教授

威尔开始跟着兰博教授破解数学难题，很多让人一筹莫展的数学题，威尔很轻松地就解决了，兰博教授很得意："得天下英才而育之，一乐也！"

威尔的想法就像猴子的脸一样，说变就变。本来和兰博教授合作得好好的，一道道数学难题都迎刃而解，未来不可限量。可是威尔忽然就厌倦了这

样的生活,他不想干了,竟把解好的一道数学题的手稿点着,扔到地上,扬长而去。

兰博看着燃烧的手稿,跑过来灭火,他万万没想到自己的一片苦心竟落得这样的下场。其实兰博教授自己也遇到了麻烦,他现在的能力已经不像之前那样势如破竹,对有些难题已经无能为力了,只能不露声色地交给威尔做。聪明的威尔洞破了兰博解不出题的困境,他不想做解题机器。兰博很沮丧,他不想眼睁睁地看着威尔糟蹋自己的天赋。

何止是兰博,整天跟威尔混在一起的朋友也劝他不要浪费自己的才能,要做一些更重要的事情。

拒绝爱情和高薪的天才

麻省理工学院的一位女大学生,很聪明,威尔聪明的大脑让她佩服得五体投地,主动给了威尔电话号码。两个人互相倾慕,坠入爱河。为了深化恋爱关系,她提出见见威尔的家人。威尔开始还编造理由拖延着,后来女孩坚决要威尔跟着她去见自己的父母,威尔退缩了,他担心自己的身世被女孩的父母看不起,于是愤怒地与女孩结束了恋爱关系,留下伤心欲绝的女友。

兰博教授为了威尔能有更大的成就,就积极地推荐他去做一些高薪且重要并机密的工作,这些都需要高智商,一般人做不了。但威尔根本就不屑于此,不是派自己的哥们儿冒充自己去戏弄招聘者,就是在面试官面前指责对方的机构恶贯满盈。

威尔童年遭受继父的虐待,后来辗转到几个寄养家庭但也未被善待,他不相信美好，不相信自己会有幸福。这是威尔不往正路上走的心理症结。

肖恩教授拯救浪子

当初威尔接受兰博的保释条件之一就是接受心理咨询，但他是排斥的。他太聪明了，咨询前先了解咨询师的特点，看咨询师写的书，他看书过目不忘，并能准确地抓住书籍的要点，然后在咨询时戏弄咨询师。在气走5位咨询师后，兰博教授想到自己的大学同学——心理学教授肖恩。

威尔故技重演，借着对肖恩的一幅画的解读嘲弄肖恩娶错了妻子。肖恩教授可不是软柿子，当听到威尔出言不逊，一下子冲过来卡住威尔的脖子，警告他不能侮辱自己的妻子。

肖恩教授在随后的咨询中，讲自己参加战争的感受和与自己妻子的真挚感情，旨在告诉威尔要真实而倾情地投入生活，要积极地与周围的人对话。威尔解释说自己有朋友，比如莎士比亚等。肖恩告诉他，那些不是生活在身边的人，只有与真实的人在一起才是真实的生活。肖恩知道，威尔是被过去的遭遇吓坏了，以至于不敢面对真实的生活，只能用又脏又累的工作和一些违法的事情"重演"过去的残破生活，这都是无意识的。

在随后的咨询中，威尔一度一言不发，他不想触及自己的伤痛

处，在心理学上，这是一种阻抗。肖恩也不急，因为急不得，就静静地等着威尔开口，甚至打起瞌睡。威尔最终还是先开口说话了，肖恩教授就问他究竟想要什么，威尔说自己从事的体力劳动很光荣，肖恩就说那在哪里都可以做，为什么非跑到最好的理工学院来，而且还主动地攻克那些数学难题？威尔说想做一个自由的牧羊人，肖恩意识到他依然在回避自己的问题，就愤怒地把威尔赶出了咨询室。

兰博对肖恩赶走威尔的事很不高兴，他希望威尔尽快进入正常的工作之中，尽快发挥其聪明才智。肖恩则主张不要逼迫他做什么，要让他自己选择想要的生活。兰博说自己辛苦了20年才获得菲尔兹奖，肖恩说获得奖项不重要，重要的是能在自己感兴趣的领域不断进步。应该说这正戳痛了兰博，因为他正陷于"江郎才尽"的窘境中。肖恩指出，威尔因为幼年时受到虐待，防卫心理很强，他总想在对方赶走他之前先离开对方，以避免再次遭遇被遗弃。这是一种逃避，他不相信自己能过上美好的生活。

威尔虽然被肖恩赶走，但他意识到自己可能存在问题，还是如期来到肖恩的咨询室。肖恩意识到威尔的防御基本上消失了，开始探究自己的问题。肖恩拿着威尔受虐待的照片，清晰而和缓地告诉他："这不是你的错。"威尔先是理性上接受了这个观点，但肖恩不断地重复这句话，以至于威尔很困惑，为什么要一遍遍重复这句话？肖恩这是在用心理技术帮助威尔直面过去。威尔被带进那些不堪的经历中，大哭起来。那些遭遇太痛苦了，威尔之前不想面对，也无力面对，只能在潜意识的作用下，把那些伤害深深地压在心底。这一哭，冲决了防御的堤坝，被压抑的伤痛浮现出来。心理学中的精神分析学派认为，被压抑的潜意识意识化后，就把现在的症状行为与童幼年遭遇相连通，与曾经的自己和解，当下的心理阻力就会慢慢向积极方面转化。

新　生

威尔在肖恩教授的帮助下修复了自己受伤的内心，慢慢意识到自己应该拥抱生活。他首先考察了一份兰博教授为他介绍的工作，觉得还不错，但没有马上去做，而是先去了加州，他要找回自己心爱的女友，他敢大胆地恋爱了。

威尔绝顶聪明，但差一点被幼年的虐待彻底毁掉。幸运的是他遇到了两个贵人：兰博教授和肖恩教授。一个为他提供了事业，一个拯救了他的心灵。

威尔的故事告诉我们，每个人都是独一无二的存在（电影借助威尔的智力超群彰显人的独特性），但很多人都可能被不合宜的成长经历和不良的环境所干扰，容易迷失在人生的路上。所以，即使遇不到兰博和肖恩这样的拯救者，也要努力地自救，找回那颗热爱生活、憧憬未来的心，并顺着自己的天性努力发展，成为美好的自己。

电影对对碰

一、观影准备

1. 观察你身边是否有这样的同学：他或她经常不那么遵守纪律，经常被老师批评；他或她很聪明，却不专心学习，甚至做一些匪夷所思的事情。你认为他或她为什么会这样？

2. 你了解心理咨询吗？如果你遇到自己解不开的困扰，会想到心理咨询吗？

二、电影沙龙

1. 你怎么理解威尔看似矛盾的行为：一方面惹是生非，一方面又花时间博览群书；一方面有能力做更好的工作，一方面却甘于做又脏又累的工作；一方面重视友谊、追求爱情，一方面又一度中断与女友的交往。

提示：看出矛盾，是深入理解的开始。威尔确实是生活于矛盾之中，他为什么会这样？这就要从两方面去思考，一是他的成长经历，一是作为一个正常人的需要。

威尔的成长经历是悲惨的，母亲的不作为，或者无能为力，继父的残暴无度，寄养家庭的缺乏爱心，这些都给年幼的威尔留下深刻的伤害。为了压抑这种痛苦，威尔靠打架斗殴消解自己难过的情绪，通过做又脏又累的工作来惩罚自己，他不相信自己能过上幸福的生活，他从未感受过幸福。鉴于这些原因，他惹是生非，做又脏又累的工作，无情地拒绝女友的爱。这是威尔受心理困扰而有问题的一面。

但他毕竟是一个人，内心有对美好生活的向往与追求，而且还天赋异禀。这种内在的生命能量使他在工作之余博览群书，破解数学难题，积极地追求爱情。这是威尔正常的一面。

2. 兰博教授为什么会全力地帮助威尔？

提示：首先是欣赏威尔的才能。威尔太耀眼了，整个麻省理工学院的学生都解不出的数学难题，兰博教授自己也是花了几年才破解，威尔却轻松解决，这是最吸引兰博教授的地方。兰博教授自己也是高天赋者，还获得过"数学界的诺贝尔奖"——菲尔兹奖，能人之间惺惺相惜。

兰博教授经由艰苦的努力才取得骄人的成就，他的菲尔兹奖是自己努力20年的结果，他也想让威尔集中精力投入到有价值的研究上来，他为威尔整天与几个资质平庸的朋友混在一起，把精力消耗在没有多大价值的体力劳动上感到惋惜，他希望威尔尽快转入正轨以取得让世人瞩目的成就。

再者，还要看到兰博教授对名誉的过分在意，以至于在同学聚会上都把自己的菲尔兹奖挂在嘴上，这招致同学肖恩的厌烦而不去参加同学会。这种对名誉的追求容易在取得一定的成功后内心膨胀，同时，对世界上存在像威尔这样比自己还聪明的人而备感压力，这都阻碍其内在才智的发挥，这是兰博教授后来解不出数学难题的原因，也是他想把威尔拉进来研究数学的另一个原因。

3. 肖恩教授从哪些方面帮助威尔从问题中解脱出来？

提示：肖恩教授主要从两个方面帮助威尔：一是认识到童幼年的伤害还在影响着当下的生活。童幼年遭虐待的惨痛经历，让威尔在潜意识中固化了对生活的认知，即生活就是残破痛苦的。肖恩教授在一次次的咨询中逐渐地让威尔认识到那些虐待不是自己的问题，不必承受并延续那种伤痛，前面还有更好的生活。当然这种认识过程是不容易的，因为痛苦的经历容易被压抑到潜意识的深处，那些事件太痛了，以至于不想或者说不敢碰触。但这种力量没有消失，以至于当下的生活也沉浸在过去的阴影中。二是引领威尔要明确自己内心的热爱。威尔一方面被童幼年的遭遇而形成的心理情结困扰着，一方面看不清自己真正想要的东西，以至于他的生活处在矛盾中，浪费着聪明才智。

4. 你的成长是否也遭遇了一些伤害？是否对现在的生活造成影响？你将如何化解这一影响？

提示：这是很现实的问题，虽然不是每个人都经历过威尔那样不幸的童年，但几乎所有人在成长中都经历过一些挫折，这些大大小小的挫折就可能在内心形成心理情结，从而阻碍我们进一步的发展。精神分析理论指出，当清楚了当下的问题并与成长经历中的挫折或者伤痛建立起联系，厘清其中的因果关系，就能很好地面对当下的问题，进而健康成长。

拓展延伸

1. 写写自己的成长历史，从记事起开始记录，只要留在你的印象中的事件，都可以记录下来，并写出当时的心理感受。可以请专业的心理咨询师分析，也可以自我领悟，哪些是成长的营养，哪些是成长的阻碍，努力建立过去的重大事件与当下某些行为的关联，进而明确下一步的前进方向。

2. 适当阅读一些介绍精神分析的心理学书籍，比如查尔斯·布伦纳的《精神分析入门》，也可以观看电影《爱德华大夫》，进一步了解精神分析学。

逆境觉醒，追求梦想
电影《逆光飞翔》

□ **孔芳敏**（河南省济源第一中学）

导演：张荣吉

类型：剧情

制片国家／地区：中国台湾

上映年份：2012 年

德育主题

逆光飞翔，向着背光的方向飞翔。追逐梦想的道路上充满了坎坷和不幸，但是心中那颗炽热的心却不会让我们停下脚步。《逆光飞翔》正是一部教育学生勇于追求梦想，不畏艰难，并在追梦路上不断前进、持之以恒的优秀影片。该片用温柔的光影呈现了一个温暖的故事，不煽情，也不以盲人苦情戏去博取同情，鼓励不幸的人们在没有光的世界里，向着自己心中的太阳执着前行。整个影片温暖而真诚，直击学生心中最柔软的地方，有助于学生正确思考自己学习过程中那些所谓的困难，例如"基础差""记忆力不好"等，从而激励学生重新认识自我，接受自我，进而迸发出朝着梦想拼搏的勇气和毅力。

电影赏读

一、情节回顾

《逆光飞翔》是一部温暖且美好的剧情片，讲述两个怀揣梦想的年轻人。钢琴少年黄裕翔是一个盲者，先天不足的生命对他是一种考验。裕翔首次离家北上念书，他琴弹得好，却坚持不参加任何比赛，因为不想被同情，他只想跟大家过得一样。此时，他遇见了爱跳舞的小洁。

舞蹈女孩小洁的世界从某种程度上说和裕翔一样充满了阴霾。虽然没有盲者生理上的不便，但社会中更多对于金钱、地位、职业的要求让她不得不停下追求梦想的脚步。直到她遇到裕翔，被他对钢琴和音乐的热爱所感染，被他的逆境的光芒所感染，逐渐明白了一个道理：追求自己的热爱和梦想，不应当有任何借口来阻挡。裕翔面对生活困境的勇敢和对梦想的执着深深地鼓励着小洁。当她重新走进舞蹈的殿堂，舞动起曼妙的舞姿时，与钢琴乐相得益彰，眼中充满温暖和自信的光，不求闪耀他人，但求无愧我心。

与此同时，小洁带领裕翔经历他不曾有过的冒险。他们填补彼此遗失的力量，就算梦想遥不可及，也不再是独自面对。他们朝着最初的梦想，迈开步伐，逆光而行。

除此之外，该片增加了亲情线和友情线，使原短片蜕变成一部寓意更加昂扬向上的电影。母亲的爱，无微不至的照顾，期待每一个善良的眼神，帮助她爱这个略有残缺的孩子；支持他的音乐，喜欢他的每一点成就。养孩子多辛苦啊，可是这孩子就是妈妈的宝贝！可怜天下父母心，无论孩子天资如何，没有哪一个母亲会心甘情愿舍弃自己的孩子，母亲对孩子日常点滴的照顾和关怀，让人无比动容。还有朋友的帮助和接纳，让裕翔从北上学习的不适应、格格不入受排挤的处境中走出来，融入心爱的团队，相互关爱，相互支持，一起玩闹，一起成长追梦。这些都是该影片展现出来的美好，同时也是我们面对困难毅然前行的动力和源泉。

二、主题解读：积极向上，不畏艰难，追逐梦想

这部电影温暖而充满希望，宁静且美好。主人公黄裕翔作为一名失明者，总是用一种乐观的态度和难得的勇气积极地面对生活，那一抹略带腼腆的笑容总是能带来某种心灵上的震撼。对于拥有一双明亮眼睛可以感受世界五彩缤纷的人们来说，眼睛的重要性有时候甚至会被过多的浮华所遮盖住，以至于从未真正去珍惜。而对于从来不能真正感受什么叫"像风扇一样转动"的黄裕翔而言，眼睛所留存下来的对世界那一线模糊的光影，已经算得上莫大的幸福。我们似乎永远都不能准确体会到那些无法拥有充足光明的人在生活中的一些细节上是多么的不便和痛苦，你在外面上厕所轻而易举，但对于失明者而言，能够自己顺利地找对厕所，是多么欣慰的事情。

在实际生活中，大多数人实际上都是拥有美好幸福的人。尽管如此，每天都会有人为了自己面对的一些很小的困难而焦急抓狂。对于学生来说，大多数在智商上没有太大的差别，但是在与老师的对话中，经常会听到这样的描述："老师，我基础不好，我这一科从小学开始就一直拉分"，"老师，我背不会，我脑子慢，记忆力不好"……

人们总是习惯性地给自己找很多的借口或者说是拐杖来让自己依靠，从而由内心告诉自己，我差是应该的。但是，即使你找到了借口又怎么样呢？就像影片中的主人公黄裕翔一样，他失明了，看不到这个世界，这是他生命中真实存在的，这可以成为最好的借口。当然，真实生活中也确实成了很多盲人的借口，然后自然地成为社会中的弱者，成为一个让人同情的、不能独立生活的人。但是，社会规则并没有改变，即使你得到了某种由同情出发的

关怀也无法改变自己的地位。就像学生的学习一样，如果你先天条件不足，基础差或记忆力不好，那么你需要做的难道不是从现在开始付出比别人更多的努力吗？优胜劣汰，如果你认识到了自己不够好，又不愿意更多地去弥补，那么等待自己的不就是被淘汰吗？

影片中的主人公黄裕翔虽然失明，但却积极地接受了自己，并抱着一种乐观的态度，不畏艰难，勇敢地面对生活中的困难，并朝着自己的目标不断奋斗，最终成功地实现了自己的梦想，成了一名令人敬佩并且感动的人。这种历经磨难但仍坚守本心的人也最让人尊敬。《逆光飞翔》通过两个平凡人物的不凡行动来勾起每一个观者内心的感动和激动，并在一些细节上触动观众内心深处那份最原始的情感：对生命的勇敢，对梦想的追求。最终激励学生去接受自己当前的困难，积极向上，逆风飞翔。如此，这部电影的德育目标就达成了。

电影对对碰

一、观影准备

（一）知识准备

1. 简单了解什么是特殊教育。

特殊教育是使用一般的或经过特别设计的课程、教材、教法和教学组织形式及教学设备，对有特殊需要的儿童进行旨在达到一般和特殊培养目标的教育。发展他们的潜能，使他们增长知识、获得技能、完善人格，增强社会适应能力，成为对社会有用的人才。

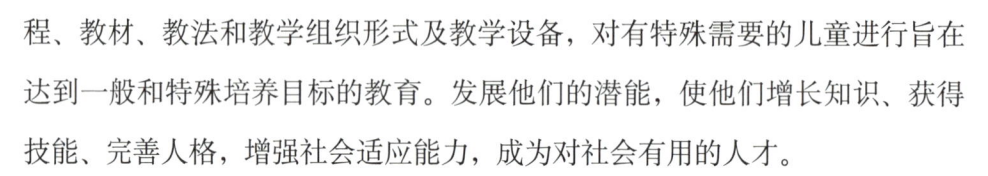

影片中，黄裕翔高中毕业于台中启明学校，简称中明，这是台湾省台中市后里区一所专收视觉障碍学生的特殊教育学校，1968年独立创校。

2. 简单了解盲人的世界。

盲人是指失去视力或有视觉障碍的人，分为先天性盲人和后天性盲人。电影中的黄裕翔属于先天性盲人，在出生三个月后医生才告知他的父母。

盲人的生活比较困难，尤其体现在出行、工作和心理方面，在没有得到一定培训和学习之前是需要有人专门照顾的。这对于一个家庭来说是十分困难的，但是黄裕翔的爸爸妈妈克服种种困难，将孩子辛苦地抚养长大，并且使他成了钢琴大师，非常令人钦佩。

（二）活动准备

1. 自我反思。你有没有经常抱怨生活的不公？当面对问题的时候，你认为自己是一个积极的还是消极的人？你有梦想吗？你还在坚持吗？你相信自己能实现梦想吗？

2. 小调查。采访一下你身边的同学：他们的梦想是什么？他们认为当前在追梦路上最大的困难是什么？他们是如何处理这些困难的？

二、电影沙龙

1. 故事的两个主人公叫什么名字？你能给大家讲讲在他们身上发生的故事吗？

提示：两个主人公分别是黄裕翔和小洁。

黄裕翔是一位先天性盲人，但是拥有疼爱自己的爸爸妈妈和妹妹，还有一群可爱的、欢乐的朋友。虽然没有视力，但是生活中的他依然自信快乐；虽然偶尔怀疑自己，但是他始终没有放弃对生活的希望，也没有放弃帮助别人获得生活的希望和快乐。

在去惠光小学的路上，裕翔结识了小洁。在惠光小学，裕翔用钢琴和音乐给同样失明的小朋友带去快乐和希望，不仅滋润了这些小孩子无光的心田，而且也感染了生活中迷茫的小洁，使小洁拥有了追求自己梦想的勇气！

2. 故事中的两个主人公的共同特点是什么？你最欣赏他们哪个方面？从两位主人公身上，你学到了什么？对自己的生活有新的理解和安排吗？

提示：黄裕翔和小洁的共同特点是：有明确的兴趣和梦想；克服困难，接受自己，为梦想奋斗。当然还有很多共同点，在观影的过程中可以探索发现，他们的每一个方面都值得我们学习。当我们在生活中遇到相同的或者类似的问题时，应当悦纳自己，并为自己的梦想而努力奋斗，不怨天尤人，也不自甘堕落，寻找生命的意义，追求幸福和快乐，同时也将此带给身边的每一个人。

三、趣味活动

1. 演一演。

假设你是一位盲人，请你从教室走到卫生间，再走回来。

2. 才艺大比拼。

以小组为单位，每个小组派两名代表展示自己的特长，如弹奏乐器、跳舞、画画等。

3. 讲一讲。

请有表演特长的同学讲讲自己学习此项特长的经历。他们是否有过想要放弃的冲动？如何坚持下来的？现在的感受是什么？

4. 写一写。

写出生活中最能代表自己持之以恒精神的一件事并与大家分享。

5. 想一想。

回想一下自己最近的状态，有没有经历一些困难呢？什么困难？能解决吗？如何解决？并与同学们分享。

拓展延伸

1. 学习歌曲《你是我的眼》和《追梦赤子心》。

周末回家，学生自行学习歌曲《你是我的眼》和《追梦赤子心》，周一到校之后，在课前一支歌环节进行合唱。

2. 写观后感。

每个学生从自己的角度对影片的内容进行归纳总结，并描述自己最受鼓舞的片段，然后写出自己的观后感。

第二板块 传统文化与家国情怀

01 文化典籍

02 立己达人

03 责任担当

04 为国争光

05 崇德弘毅

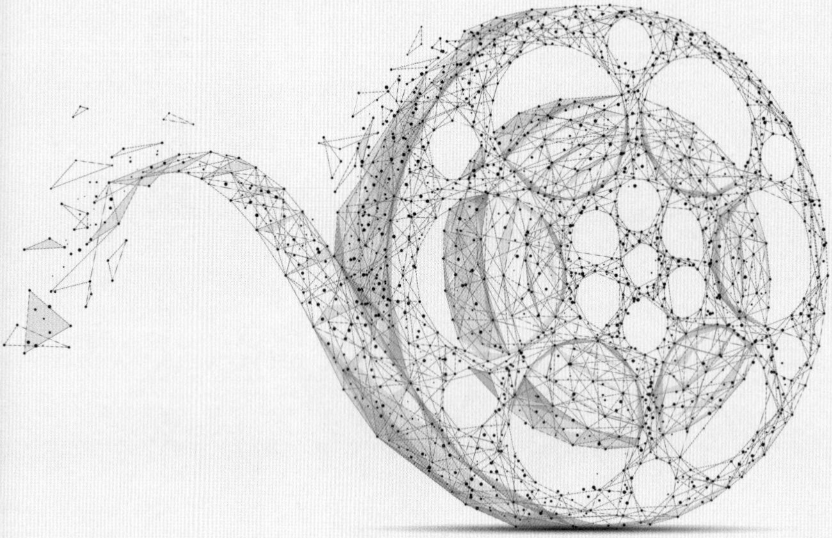

传统文化，家国情怀
电影《敦煌》

□ 姜新华（黑龙江省七台河市教育研究院）

导演：佐藤纯弥

类型：剧情／历史／古装

制片国家／地区：中国／日本

上映年份：1988年

德育主题

《敦煌》通过讲述宋朝的赵行德等人积极拯救敦煌文化典籍的故事,表现了文化经典在战乱年代传承的艰难,表现了赵行德等文化人的奉献和牺牲精神。

电影赏读

一、情节回顾

赵行德准备到西夏学习西夏文,就随着商队前往,半路上被西夏的汉人将领朱王礼的军队抓去充军。在一次回鹘军的偷袭中赵行德帮了朱王礼,两人从此建立起了感情。西夏军在王子李元昊的指挥下战胜了回鹘军,在清理战场时,赵行德私下救了回鹘的公主并把她藏在一个院落里,两人逐渐建立起恋情。李元昊要求各部队都要配备懂西夏文的人员,朱王礼就派赵行德去学习西夏文,赵行德委托朱王礼照顾回鹘公主,计划一年后回来。赵行德学

完西夏文后并没有被及时送回部队,而是被关起来翻译佛经,两年后才回到部队。在赵行德离开的时间里,李元昊发现了美丽的回鹘公主,并强迫她与其成婚。回鹘公主起初不同意,李元昊就每天杀死五个回鹘人,回鹘公主被迫同意。婚礼上,回鹘公主刺杀李元昊不成,跳下城楼。西夏军节节胜利,李元昊计划与大宋开战,首先占领敦煌城。前来接管敦煌的就是朱王礼,他在照顾回鹘公主时爱上了她,但李元昊横刀夺爱,朱王礼就准备在敦煌城杀掉李元昊。并且,杀掉李元昊还可以瓦解西夏军队对大宋的威胁,毕竟朱王礼是汉人。朱李军队在交战中,敦煌太守开始焚烧多年收藏的数以万计的文化典籍,一些和尚和画工则拼命地抢救这些珍贵的资料。赵行德赶来杀死太守,带领大家把抢救出来的典籍带出敦煌城,藏到莫高窟内,避免了这些珍贵的文献毁于一旦。

二、主题解读:文明与野蛮的斗争

人类的发展得益于文明的创造与传承,与之相伴的是战争不断,野蛮横行。但即使在纷飞的战火中,依然有人执着于文化的传承,甘愿付出自己的全部乃至生命。《敦煌》就是这一史实的一个缩影。

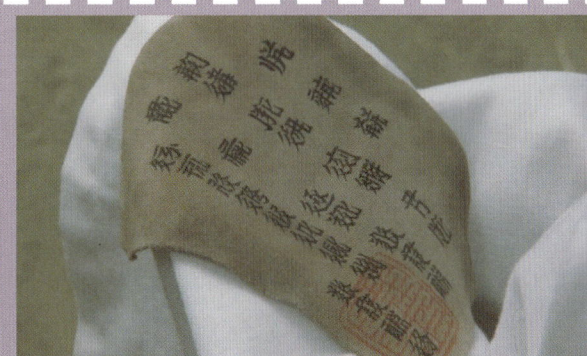

身陷西夏军营

赵行德殿试失败，通过考试做官进而光耀门楣没那么容易，宋朝虽然重视文官，但官职是有数的，天下学子能谋个一官半职并不容易。赵行德因对西夏文化感兴趣，就与一些志趣相投者奔赴敦煌。赵行德跟随的商队的首领是尉迟光，和田贵族的后裔。

沿途看见一伙强盗抢劫，商人们的随身细软被洗劫一空，随后又遭到杀戮，强盗们则一哄而散。尉迟光则派人把强盗们剩下的财物收集起来，尤其是留下了几头骆驼，这是最大的收获。

行不多远，遭遇了西夏军队抓捕壮丁充军，赵行德等几个人都被抓进军营成了士兵。

当时的西夏发展势头正旺，经常跟周围的国家打仗。一天晚上，军营遭到回鹘军队的偷袭，营房一时大乱。赵行德用一把沙子迷住要对朱王礼下刀的军官，朱王礼得以反击并杀了对方。正因为此，朱王礼与赵行德有了交情。

爱上回鹘公主

西夏兵作战勇猛，在王子李元昊的指挥下，大败回鹘军队，回鹘王被俘，被斩首示众。朱王礼带领军队打扫战场，让赵行德去城楼上点燃狼烟。赵行德来到城楼上，被一个回鹘兵袭击，赵行德灵活地躲过，才发现对方是女的，经过询问知道对方是回鹘公主，顿生恻隐之心，萌生了拯救公主的念头。他先暂时把公主安顿在城楼上,随后找到一个无人居住的院子,公主就暂时住在这里,赵行德不时给她送来吃的。

一来二去,二人产生了感情。

两人商量从军队中逃走。赵行德顺利地骗过了城门守卫,两人准备奔赴敦煌。

孰料两人在沙漠中迷了路,转了很久又回到城外,这时公主已经因为干渴缺水昏迷了。赵行德只好敲开城门找水,以救公主的命。朱王礼大怒,逃兵要按照军法处决。赵行德哀求朱王礼等一下,然后单独拽着朱王礼去看就要渴死的回鹘公主。毕竟赵行德救过自己,朱王礼并没有杀赵行德,而且还答应悄悄地留下回鹘公主。与此同时,朱王礼派赵行德去伊鲁卡侬学习西夏文,这是王子李元昊的要求,所有西夏的汉人和回鹘人组成的军队,都要配有懂西夏文的人员。朱王礼这样安排很完美,既完成了上级的任务,又救了赵行德,还能留下回鹘公主。公主想跟着赵行德同去,但朱王礼说人们发现她是回鹘公主会杀了她的。公主摘下一串和田玉项链交给赵行德,作为爱情的信物。

困在伊鲁卡依

赵行德许诺一年后就回来,但到了伊鲁卡依,事情没有他想象的那么简单。

赵行德的西夏文学得很好,李元昊要求其参与编纂西夏文和汉文的辞书。敦煌太守意识到西夏的强大,特意赶到伊鲁卡依向西夏称臣,他声称要为李

元昊翻译佛经。赵行德不想继续留下来，因为他要回去，学习西夏文已经花费了一年的时间，公主还在等他。但他没有行动的自由，他被关进屋子，被命令专心写辞书。

这可不是一蹴而就的事情，赵行德又花了一年的时间才完成任务。

回鹘公主殒命

赵行德回到甘州找不到公主，朱王礼很愤怒地说：忘了她吧，她就要跟李元昊成婚了。

回鹘公主本不同意嫁给李元昊，但李元昊每天杀死五个回鹘人以向公主施压，公主被迫同意。公主对这个杀父仇人恨之入骨，怎么能做他的王妃呢？

就在婚礼上，回鹘公主刺杀李元昊，怎奈被李元昊躲过。公主见刺杀无望，就从城楼上跳了下去。

朱王礼反水

朱王礼之所以很愤怒地跟赵行德讲述公主的事情，是因为他照顾了公主一年，赵行德音信皆无，以为赵行德不在人世了。他在与公主的接触中产生了感情，公主把另一串和田玉项链交给了朱王礼。对朱王礼来说，李元昊是横刀夺爱，虽然当时没有反抗，但在心里已埋下了仇恨的种子。

赵行德因为公主的死，自己也一心想死，在一次作战中身负重伤。朱王礼委托尉迟光把赵行德带到敦煌，自己又去打仗了。在敦煌，赵行德见到了太守收藏的各类文化典籍。

随着战事的推移，朱王礼代表西夏接管了属于大宋疆域的敦煌。李元昊在朱王礼接管后，带领两千人到这里视察。朱王礼认为这是一个绝好的机会，准备一举杀掉李元昊，既报了夺妻之恨，又可能瓦解西夏的军队，毕竟西夏的军队是杂牌军，有汉人，有回鹘人，还有契丹人，李元昊一死就很难再凝聚起来，这样也可以终止李元昊的侵略行为。

事情进展得不很顺利，李元昊逃出城外，朱王礼未能杀掉他。李元昊带领大军来攻城，朱王礼全军覆没。

赵行德保护文化典籍

朱王礼和李元昊之间的战斗很激烈，朱王礼找个间隙来提醒赵行德：城池很快就会被攻陷，你要记录下我的这段历史，赶快从西门逃走。

赵行德在赶往西门的途中，发现原来在一起学习西夏文的人在抢救书

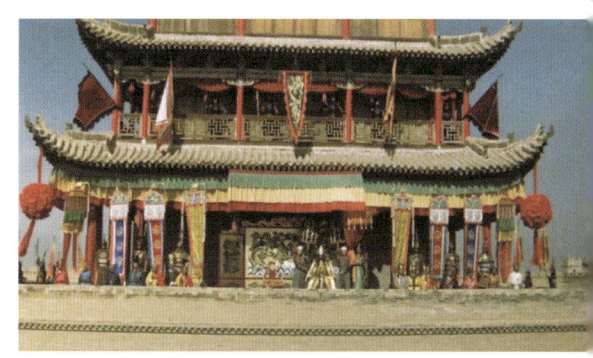

卷。原敦煌太守看到李元昊即将攻陷甘州城，他辛苦搜集的上万卷的文化典籍必将被李元昊掳走，太守是个狭隘的人，自己得不到的别人也别想得到，于是放火焚烧堆满屋子的画稿和佛经等。参与绘画和佛经翻译的人们舍不得这些珍贵的典籍化为灰烬，急忙全力抢救。赵行德为了阻止太守的疯狂行为，怒而杀死了他，这样大家才得以抢救出没被烧掉的典籍。

赵行德在尉迟光那里买了一些骆驼，指挥大家把抢救出来的典籍运往敦煌。尉迟光是一个贪财的人，赵行德为了减少麻烦就骗他说是从太守府上抢出来的财宝，尉迟光打着"分赃"的意图倾力帮助。他告诉赵行德有一个密窟没人知道，可以把"财宝"藏在那里。

赵行德指挥大家把抢出来的佛经典籍都装到密窟中，同时也把公主给他的项链封存到窟中。故人已逝，留着项链徒增痛苦。

尉迟光在大家"藏宝"的过程中离开，等大家完成了工作后，赵行德发现尉迟光把参与"藏宝"者都杀掉了，他想独吞这些"财宝"。之所以没杀赵行德，是因为他还惦记着公主给赵行德的那串价值连城的项链，他认得那是上好的和田玉做成的。当尉迟光得知封存在石窟里的不是财宝而只是佛经等文化典籍时，大怒，并举刀要杀赵行德。两人在搏斗中被路过的士兵践踏，尉迟光死于马蹄之下。这简直是天意，否则这些文化典籍很可能被气急败坏的尉迟光付之一炬。

大约900年后，莫高窟的文化典籍被发现，共有4万多卷。西方一些探险家从这里盗走大量文化典籍，最后只留下1万多卷。

敦煌地处丝绸之路的中间地带，是中西文化的交汇点。洞窟中的典籍是对各种文化的记载，有宗教的、历史的、科学的，还有大量画稿。这些典籍为研究世界文化提供了珍贵的资料。

当强权者在野蛮地侵略和杀戮时，当贪财者在无度地掠夺时，还有一些人在守护着人类的文化典籍。这让人想起鲁迅先生的话："我们从古以来，就有埋头苦干的人，有拼命硬干的人，有为民请命的人，有舍身求法的人，……虽是等于为帝王将相作家谱的所谓'正史'，也往往掩不住他们的光耀，这就是中国的脊梁。"正是有这样的"脊梁"，才使得人类的文化得以传承，人类才能在文化的积累与创新中不断超越向前发展。

电影对对碰

一、观影准备

莫高窟，沙漠之中的高窟之意。在大漠深处，断崖绝壁上凿有大量洞窟，洞窟内有彩塑佛像，数量众多，亦被称为千佛洞。洞壁上则有大量彩绘，是各种飞天的形象。石塑和壁画形象生动，有着极高的艺术价值。如果对敦煌文化感兴趣，可以去敦煌实地考察，也可以参看一些影视资料，当然也可以阅读一些敦煌学的研究专著，这方面的书籍也很丰富，比如荣新江著《敦煌学十八讲》等。

二、电影沙龙

1. 敦煌太守和朱王礼对文化典籍的保存是否有价值？阐述你的理由。

提示：敦煌太守肯定是有重要作用的，他喜爱各国的文化，全力搜集、收藏、整理各类文化典籍。正是他多年的努力，才使得敦煌成为世界文化典籍的重要保护地。虽然他一度想要烧毁这些珍贵的典籍，但还是被赵行德等一批文化人全力阻止了。

敦煌太守的问题是他把文化典籍当作"古玩"来珍惜，但没有领悟文物的真正价值。西夏强大时，他主动投降，但是当西夏王子占领敦煌并革去他太守的职务时，他万念俱焚，意欲一把火烧掉珍藏多年的文化典籍，自己不拥有，别人也别想有！这简直就是暴殄天物。

朱王礼对文献的保护是间接的，他的贡献是保护了赵行德，而赵行德是文献保护的直接功臣，是他冒死把大量的文献封在莫高窟的。

2. 赵行德是怎样的人，他在敦煌文献保护上起到怎样的作用？

提示：赵行德是一个对文化很感兴趣的人，科举不顺利，看不到未来。受他所赎买的一个西夏女子的指引，对西夏文化产生了浓厚的兴趣。带着这个女子给他的西夏通行证踏上了前往西夏的道路。由于他对文字有天赋，学习了西夏文，用西夏文翻译了佛经。最主要的是他有意识地保护了敦煌太守要焚毁的大量文化典籍。他在学习西夏文的过程中，在翻译佛经的过程中，领悟了文化典籍的价值，所以特别重视对这些书籍、画稿等的保护。没有赵行德，很多典籍都可能消失。这些典籍的出现，是19世纪文献领域的最重大的发现，敦煌学也因此诞生。

3. 从西夏王子、商人尉迟光等人身上，我们可以受到哪些触动？

提示：西夏王子是个战争狂，攻城略地，野心很大，发动了多次战争，给百姓带来数不尽的生离死别。商人尉迟光则是无良商人，他唯利是图，毫无道德感。赵行德谎称自己从太守那里抢救出来很多"财宝"，尉迟光就把自己的驼队交给他，并带领赵行德一行把大量文化典籍封藏在隐蔽的莫高窟中。尉迟光为了私吞这些"财宝",把所有的参与者都杀了;当他知道里面并不是财宝时,又要杀死赵行德,两人正扭打时,碰巧一队骑兵路过而杀死了尉迟光。

侵略战争不会给人们带来幸福,那些无良的商人也只会带给人伤痛。

就是在这样的乱世中,仍然有人站在国家和民族的立场上,舍命保护着文化典籍,这些人是国家的脊梁,是人类的功臣,他们应该被世世代代的人记住,是他们让人类的文明成果不至于消失,让人类的文明得以延续。我们不能做侵略战争的支持者,也不能做不讲道德的商人,而应当坚守道德、传承文明,保护创造文明的人。

拓展延伸

1. 推荐纪录片《敦煌》。

该片详细介绍了敦煌莫高窟的历史以及对未来的思考,既有翔实的资料,也展示了一些学者的猜测,可以帮助我们更多地了解敦煌。

2. 历史上,一些君主在膨胀的权力欲驱使下,屡屡发动战争,搞得民不聊生。与此同时,也有一些文化的创造者和守护者在辛勤地劳作着,是他们为人类留下了宝贵的精神财富。请结合电影《敦煌》,写一写你从中受到的触动。要表达出在恶劣的环境下,如何能坚守做人的道德底线。

3. 如果对敦煌产生了极大的兴趣,可以在老师的帮助下阅读敦煌学的相关专著。

公平正义，立身之本
电影《功夫》

□ 姜新华（黑龙江省七台河市教育研究院）

导演：周星驰

类型：喜剧／动作

制片国家／地区：中国

上映年份：2004 年

德育主题

《功夫》讲的是己立立人、己达达人的道理。电影通过讲述武林奇才阿星的成长以及最终击败黑社会斧头帮拯救一方百姓的故事,反映了正义终将战胜邪恶。影片启示我们,无论在何种情况下,正义永远是立身之本。

电影赏读

一、情节回顾

斧头帮是当地势力最大的黑社会组织,连警察都常遭受其威胁,他们还开设赌场等大肆敛财。阿星极力想成为斧头帮的一员,他和同伴肥仔去斧头帮不屑光顾的猪笼城寨勒索,但他俩既无武功又不够狠毒,不但没成功还被居民殴打。假装放炮叫人,不幸招来了斧头帮的二头领。这人要耍威风,但被人一招打成残废,随从们放礼花叫来斧头帮大队人马。帮主琛哥叫人往一对母子身上浇汽油以威胁众人,苦力强为了救人挺身而出,随后胜哥和阿鬼相继出场,打跑了斧头帮。

斧头帮抓来阿星和肥仔,本想杀掉他俩,但阿星会开锁,枪响之前先脱身了。阿星趁机表达加入斧头帮的愿望,琛哥要他杀人作为

投名状。他俩又来到猪笼城寨，本想刺杀包租婆，不想自伤三刀又被毒蛇咬。斧头帮花钱找来杀手，猪笼城寨的三位高手被杀或受到重伤。包租婆、包租公出场打残了杀手，琛哥就让阿星去找精神病院中的火云邪神。三人正纠缠在一起，琛哥要阿星用木棍砸包租公，阿星瞬间觉悟，用木棍砸在琛哥头上，又击打火云邪神。火云邪神把阿星打成重伤。但包租公夫妇救走了阿星。经过精心调养，阿星功力大增，一举击败前来挑衅的火云邪神，灭掉了斧头帮。

二、主题解读：正义是战胜邪恶的根本

人世间总会有邪恶的力量伤及无辜，残害百姓。要想惩处这些坏人，就需要强有力的人，更需要正义和善良。《功夫》表现的就是这样一个故事，下面以人物为视角，既显示人性中的卑劣，也彰显人性中的善良。

琛　哥

琛哥是斧头帮的创建者，每杀一拨人，斧头帮的影响都增加一分。发展到鼎盛时期，警察不但管不了，甚至比老百姓都要害怕斧头帮。当然，警察们一边怕着，一边也享受着斧头帮给的钞票，警匪勾结，沆瀣一气。

这个人够狠，男女老幼，只要有人给钱，只要能获得利益，一概绝杀。

斧头帮不单是为了杀人，杀人的目的是赚钱。他们欺行霸市，巧取豪夺，开妓院，设赌场，什么赚钱干什么。

"那个谁"

影片中周星驰饰演的这个角色没有名字，他在影片中被称为"那个谁"，宣传海报则称为"阿星"，因为是周星驰扮演的，就权且这么叫。在他刚出来混社会的时候，带着几乎一无是处的肥仔，平庸得不值得一提，总是华而不实地憧憬着美好的未来。

为了出人头地，他们冒充斧头帮到猪笼城寨敲诈勒索。本想捞点便宜，混点名声，但他们确实没啥能力，不但没抢到东西，还引起了斧头帮和猪笼城寨的恶战。

三大高手

"那个谁"阿星冒充斧头帮到猪笼城寨勒索剃头匠，但人家不怕。他们还被叫来的人打得口吐鲜血，鼻青脸肿。他们又模仿斧头帮的叫人方式，点燃山寨的礼花（其实就是一个炮仗）扔了出去，不巧炸到斧头帮的二当家。阿星凭借三寸不烂之舌把战火引向剃头匠。二当家的刚要耍威风，瞬间被打飞，残废了。斧头帮随从们点起礼花叫人，琛哥带着大队弟兄来了。为了揪出伤害他兄弟的人，他把汽油浇在一对母子的身上，没人承认就烧死他俩。恶人总是用这样的方法威胁好人，好人一般都会"上当"，因为好人就是不想有人遭难，就是要救人于水火。苦力强应声而出，随即是一场恶战。裁缝胜哥和面馆阿鬼先后挺身而出，三人合在一起，大败斧头帮。

"神雕侠侣"

琛哥是不讲原则的，为了宣泄失败的怒火，抓住阿星和他的同伴肥仔，先吊起来，大骂了一顿准备枪毙。枪响之后，阿星没死，反倒从吊链上脱身摔在地上，阿星懂得开锁术，他打开了铁链上的锁。他又用同样的方法救了肥仔。琛哥觉得这种人留着有用，就放了他们。

斧头帮对在猪笼城寨的失败是不会善罢甘休的，花钱找来两个黑心的杀手，猪笼城寨的三位高手分别被杀或受到重伤。

猪笼城寨的包租公和包租婆夫妇挺身而出，打残了黑心杀手，斧头帮再次落荒而逃。

火云邪神

这是一个武林奇才，祸患一方，打败天下无敌手，孤独求败。最后因为找不到对手，自愿被关进精神病院。

斧头帮因为包租公和包租婆这对"神雕侠侣"的出现而再次失败，但他们贼心不死，想到火云邪神。正好可以利用阿星的开锁技术，帮助他们把火云邪神从精神病院里请出来。

火云邪神确实名不虚传，经过一番恶斗，击败了"神雕侠侣"。这场战斗是正义的失败，但出现了精彩的一幕，那就是阿星的反水。火云邪神和"神雕侠侣"扭结在一起，一旁观战的琛哥喝令阿星用木棍打"神雕侠侣"以帮助火云邪神，但阿星在危急时刻忽然倒戈，抡起木棍砸向琛哥，因为这家伙吵得星哥好烦，琛哥才是万恶之源。琛哥一命呜呼，阿星又把木棍砸在火云邪神的头上。火云邪神被激怒，脱身出来猛打阿星，混乱中"神雕侠侣"把阿星救走。

由于阿星是武林奇才，先天素质非常好，加之"神雕侠侣"的精心调养，阿星渐渐恢复了体力并因此功力大增，原来修习的如来神掌也得以练成。

火云邪神也不是吃素的，带着斧头帮来找阿星。这时的阿星已经不是那个街头的混混，而是拥有一身武功、满腔正义的大侠了，他一举打败了火云邪神，剿灭了斧头帮。

结 局

阿星完美地走完了英雄的旅程。开始时遭遇生活的困顿，生活无着落，为了加入黑社会斧头帮而狐假虎威，但在危急关头良心发现，内在的英雄气爆发出来，在高人"神雕侠侣"的帮助下练成绝世武功，一举歼灭黑恶势力，最终安心做起糖果店，过上平静的日子。

电影还有一条线索，就是阿星与哑女的交往。小时候阿星就心怀崇高理想，被一个乞丐说是练武的奇才，可以维护世界和平，就买来乞丐推荐的《如来神掌》，自己练习起来。后来为了救一个被小流氓欺负的小女孩（哑女）而被痛打和羞辱。阿星成年后成了一个混混儿，带着肥仔抢了哑女的冰激凌，后来又抢了哑女的零钱。哑女认出了阿星，阿星也认出了哑女。表面上阿星不为所动，但内心已经开始悲伤。最终他与肥仔开起糖果店卖棒棒糖，就是因为小的时候哑女被抢的是棒棒糖，而且哑女一直珍藏着。阿星在加入斧头帮的迷梦中，还击碎了哑女递给他的棒棒糖。

真正的强者，不会失去内心的善。阿星也因为内心的这份善，才激活了内在的练武天赋，才能扫平斧头帮这样欺压百姓的恶势力。

天赋大的做大事，天赋一般的也可以守住自己的善良，为这个世界增加温情和色彩。

电影对对碰

一、观影准备

1. 小讨论：人的成功有很多因素，天赋、环境、努力、正义等都是成功的必要条件，如果只选一项，你认为哪个是最重要的？

提示：作为观影前的讨论，主要是明确一下自己的思想。成功的必要条件中，天赋和环境是不可讨论的，因为这些内容不由人决定，只能从后天的努力和正义的坚持等处着手。后天的努力是为自己赢得机会，锤炼自己；坚持正义则是保证自己的努力不偏离正道，否则越努力越失败。

2. 有人认为信念很重要，有人认为现实利益才重要，你怎么认为？简单地阐述一下理由。

提示：信念在人的成长中不可或缺，积极向上的信念是人能不断发展的动力。太过现实只顾实际利益的人，看不到未来，容易陷溺在实际的生活中而无所作为。套用一句话表达信念的力量："信则有，信则灵。"

二、电影沙龙

1. 斧头帮为什么会被剿灭？

提示：斧头帮的兴盛是因为残暴无道，这种野蛮的行径确实能震撼并压服很多人，同时发挥着"有钱能使鬼推磨"的作用，花钱买通警察，买通无良的武林高手铲除威胁他们的善良的能人，比如猪笼城寨里的诸位大侠，这些是斧头帮成规模的原因。但多行不义必自毙，恶势力也会激发出更强的善良力量，所谓魔高一尺道高一丈，比如三大高手以及包租婆夫妇，乃至最终的阿星。这种黑恶势力的灭亡是必然的，因为他们的对手是广大百姓，是人们内心的善良，谁与百姓为敌，必然是自取灭亡。

2. 阿星最终能剿灭斧头帮的原因是什么？

提示：这部电影其实是一场英雄的旅程。阿星从小就是善良的孩子，为了帮助被欺负的哑巴小女孩，被一帮小流氓打得很惨。成年后走投无路而做混混儿，希望加入斧头帮而扬名立万，但跟着斧头帮做的都是下三滥的事情。后来，在火云邪神与"神雕侠侣"作战时，阿星先用木棍杖毙了斧头帮老大，随后痛击火云邪神。这一行为喻示着阿星的反叛与觉醒，不能再做恶人了，而要挺起胸膛做好人。也正是这份善良获得了神雕侠侣的救助，保住了性命。

英雄之为英雄，还有另一个必要条件，那就是超绝的天赋。阿星为了获得加入斧头帮的投名状而去猪笼城寨"杀人"，不想杀人不成反而自伤两刀，并被毒蛇咬伤。但阿星有着强大的自愈能力，可以凭借内在的力量恢复健康，这就不是一般人能有的体质和运气了。随后因击打火云邪神的头而几乎被打死，虽然"神雕侠侣"拿出祖传秘方精心救治，但被打成那样，本来是神仙都救不回来的，但阿星不但没死，还因此练成如来神掌。这个过程中有一个省略，也就是"神雕侠侣"传授阿星武功。

电影的情节很夸张，但真实不在于符合大众的真实。这种真实是借此讲述道理，那就是正义终将战胜邪恶，这是颠扑不破的道理。若没有这个亘古不变的真理存在，那人类必然被黑恶势力统治，人类也将退回到野蛮时代。

3. 电影开头结尾都出现那个卖书的乞丐，是为了表现无厘头的喜剧效果，还是有其他的目的？

提示：这应该是一个象征，当然这个象征里夹杂着乞丐赚钱的成分。乞丐可以理解为有远见的人的代表，这些人比一般人看得远，看得深，往往会超越当下，不容易为人所理解，不容易被人接受，这就会显得落魄或者不合时宜的夸张。当然这是外人的视角，这些有远见的人本身自有其存在之道。

再说乞丐所说的话，电影开头和结尾处分别对两个小孩子说，主要意思是小孩子天赋很高，将来必成大器，那就从学习我的"秘籍"开始吧！很多具有"先知"性质的人物，他们都有先进的思想体系，顺着这套思想，可以有很高的成就，只是要付出巨大的辛苦，甚至要抛开很多既得的福祉。这是绝大多数人不愿意干的，谁会为了"意义"或者遥远的"价值"而放弃当下舒适的生活呢？谁会为了缥缈的目标而历尽坎坷呢？何况未来也是未知。

一个人要做出一番成就，一方面需要有远见、有能力的"先知"指引，另一方面需要像"阿星"这样的天生的万里挑一的奇才，当二者如电光石火碰撞在一起的时候，就会产生惊天动地的事情，就会有英雄的诞生，而且必将造福百姓。

我们是否需要这样的指引，是否为了未来的价值而艰苦奋斗，是否可以舍弃当下稳定富足但有点平庸的生活？这些问题都启示着人们去思考，《功夫》这样的经典影片就是唤醒人们内心的憧憬，为英雄的出场造势，同时也启示普通的百姓，朝向更有价值、更有意义的生活努力。

拓展延伸

1. 推荐电影《当幸福来敲门》。

克里斯·加纳是一名推销员，为了赚得更多，他购买了很多治疗仪，倾尽了全部的积蓄。但是这种仪器不好推销，其功能不为医生们接受，价格又很贵。他快速致富的梦想破灭。妻子看不到希望，离他而去，并留下了小儿子。克里斯带着儿子过起了艰难的生活，忍饥挨饿，居住无着。但他不放弃，努力做好每一件工作，终于抓住一个机会，凭借艰辛的努力和聪明的才智而成为股票经纪人，一举翻身。人总要非常地努力，才能抓住机会成就自己。

2. 整理一下自己的思想，综合一些事例，面对"己立立人、己达达人"的古训，试着给自己做一个成长规划，从而明晰自己的发展路径。

时代变迁，人性挑战
电影《黑骏马》

□ 姜新华（黑龙江省七台河市教育研究院）

导演：谢飞

类型：剧情

制片国家/地区：中国

上映年份：1995年

德育主题

《黑骏马》讲述的是关于责任担当的故事。电影通过白音宝力格和索米娅的感情经历，表现了人与人之间感情的珍贵，批评了白音宝力格青年时的推卸责任。启发我们要更新一些传统观念，珍惜真挚的感情，担起自己肩负的责任，努力创造全新的生活。

电影赏读

一、情节回顾

白音宝力格很小的时候就寄养在奶奶家，奶奶孤身一人，曾经抚养过很多孩子。白音宝力格来到时，奶奶家还收养着一个小姑娘索米娅。时光荏苒，两个人在奶奶家渐渐长大。白音宝力格的父亲安排他去外地学兽医，需要8个月。奶奶带着两个孩子到庙里祈福，途中希望两个孩子将来结婚，这样就会永远在一起了，还可以陪着奶奶，奶奶不希望自己养大的孩子都走了。两个孩子的感情本来就很好，也都同意了。白音宝力格学完兽医之后又被推荐去学拉琴，一去就是3年。随后白音宝力格回到草原准备跟索米娅结婚，可是回到草原后发现索米娅已经怀上了别人的孩子，白音宝力格一气之下就回

去继续读大学。索米娅在白音宝力格离开之后生下一个女孩。随后奶奶去世了，一位好心的汽车司机帮助索米娅埋葬了奶奶，后来两个人结了婚。若干年后，白音宝力格来看索米娅一家。这时索米娅的大女儿已经12岁了，下面还有4个弟弟，索米娅在学校里做杂工。索米娅之前告诉女儿，她的亲生父亲会骑着马来接她。白音宝力格想资助索米娅的女儿读书，索米娅则希望白音宝力格将来有了孩子送到草原，养大了再送回去。两个人虽然没有成亲，但彼此挂念着，都想把这份深厚的感情延续下去。

二、主题解读：尊重内心的感情，创造幸福的生活

人世间有很多美好的感情，爱情就是其中的一种。现实中并不是所有的爱情都能走到婚姻，有的成了陌路，也有相爱的双方不能忘记深沉的感情，把对彼此的关心转化为相互的帮助。《黑骏马》讲述的就是这样的故事，男女主人公的经历让人唏嘘不已。

青梅竹马，两小无猜

在内蒙古大草原上，奶奶带着两个小孩子生活在一起。男孩叫白音宝力格，因为父亲的工作比较忙，没时间照顾他，母亲还去世了，就把他送到奶奶家抚养，白音宝力格的名字还是奶奶给取的。女孩叫索米娅，是一个孤儿，从小就被奶奶收养着。两个孩子在一起听奶奶讲故事，一起放羊。

一个冬天，一只小马驹来到奶奶的毡房外，母马可能冻死了，奶奶就收养了这匹小马驹，取名钢嘎哈拉。小马驹长得很快，逐渐长成一匹漂亮的黑骏马。

两个孩子渐渐长大了，白音宝力格的父亲安排他去学兽医，需要离开草原8个月。奶奶舍不得，带着两个孩子到庙里祈福。奶奶带大过很多孩子，

一个个成年后都走了,奶奶很想念他们,也很伤感。如今又带大了两个孩子,她不想这两个孩子也离开她,这两个孩子没有血缘关系,可以结为夫妻,这样不就能跟奶奶生活在一起了吗?两个孩子的感情很好,也同意奶奶的想法。

索米娅去送白音宝力格,在车上哭得很伤心,不想让白音宝力格走。

世事难料,索米娅怀孕

白音宝力格在技校学了8个月兽医后,因为有音乐方面的天赋,被老师推荐去学拉琴,这一学就是3年。那个年代信息联络不方便,白音宝力格与索米娅和奶奶断了联系。奶奶和索米娅以为白音宝力格不再回来了。而白音宝力格并没有这样想,他学了3年琴就不想再继续深造了,想回家跟索米娅成婚,父亲也同意了。

白音宝力格跟同伴们喝酒叙旧,说这次回来就是为了迎娶索米娅。席间,浪荡青年希拉告诉白音宝力格,他跟索米娅好上了,索米娅还怀上了他的

孩子。这是白音宝力格万万没想到的事，举手要打希拉，被同伴们拉开。奶奶为索米娅解释，白音宝力格听不进去这些，独自到外面散心。奶奶希望两人能完婚，可是白音宝力格心里过不去，他不能忍受这件事不咸不淡地过去，至少要惩治恶人。但这些都没有发生，白音宝力格放弃了婚约，离开草原继续学音乐，后来成了一名歌手。

两个相爱的人，就此分开。

放不下感情，探望索米娅

白音宝力格虽然赌气离开草原，但内心里始终惦念着索米娅和奶奶。虽然离开了很多年，但对草原的思念与日俱增，以至于无法安心工作，毅然决定回草原探望索米娅。

两人相见，泪眼婆娑。

索米娅叙述了当年的悲惨经历。白音宝力格离开后，索米娅生下了一个女孩，取名琪琪格。索米娅说多亏了有琪琪格，之前就是一心想死，琪琪格的降生激活了她内心的母性，她要保护这个小生命健康成长，至少不能像自己这样无依无靠。不久，奶奶病逝了。索米娅抱着孩子去埋葬奶奶，一路痛哭。这一幕被经过的一位货车司机达瓦仓看到，他同情这家没有男人，就帮着埋葬了奶奶。后来索米娅跟达瓦仓成了家，育有 4 个孩子，这时的琪琪格已经 12 岁了。

索米娅为了女儿能读书，到学校里做杂工，做那些繁重的体力活儿。索米娅的丈夫不喜欢琪琪格，一次喝醉了酒就骂她是野种。琪琪格很难过，就问妈妈自己的爸爸去哪里了。索米娅就告诉孩子爸爸去了很远的地方，回来时会骑着叫钢嘎哈拉的黑骏马来接她。

白音宝力格给琪琪格唱起古调《钢嘎哈拉》，女孩把他当成了爸爸，非常依恋。这个孩子一直没有享受过爸爸的关爱,她希望回到自己爸爸的怀抱里。白音宝力格愿意接受琪琪格的这份依恋。

白音宝力格要离开了,准备接女孩出去读书。索米娅送白音宝力格时,希望他将来有了孩子送给她抚养,等长大了再送回去。两个人都忘不了经历的深情厚意,想着在后代中延续下去。

这段感情经历,对索米娅而言是一场悲剧,少女时遭遇小流氓希拉凌辱,因此而未能跟白音宝力格成婚。白音宝力格的感情又何尝不是悲剧呢?他的内心放不下一起长大的索米娅,两个人本可以组成幸福的家庭,但是白音宝力格三四年的杳无音信,断送了两人的爱情。

这不禁让人深思,为了一时的义愤,是否有必要断绝重要的感情?

对人而言,我们要守住什么才能不失本心、不留遗憾?

电影对对碰

一、观影准备

1. 蒙古族曾有抢婚的习俗。13世纪之前,蒙古族社会为奴隶制,基本的婚姻形式就是抢婚。13世纪以后,蒙古族社会转为封建社会,开始实行聘婚制度。但部落战争时,抢婚还时有发生。新中国成立以来,实行全新的婚姻制度。

2. 蒙古族尊重母亲,有谚

语"连可汗也是女人生的""对喂乳汁的母亲要敬爱"等。

3. 蒙古族民歌《黑骏马》歌词大意：

漂亮善跑的我的黑骏马呦，

拴在门外那榆木的车上；

善良心好的我的妹妹呦，

嫁到了山外那遥远的地方。

走过了一口叫作哈莱的井啊，

那井台上没有水桶和水槽；

路过了两家当作艾勒的帐篷，

那人家里没有我思念的妹妹。

向一个放羊的人打听音讯，

他说，听说她运羊粪去了；

向一个牧牛的人询问消息，

他说，听说她拾牛粪去了。

我举目眺望那茫茫的四野呦，

那长满艾可的山梁上有她的影子；

黑骏马昂首飞奔呦，跑上那山梁，

那熟识的绰约身影呦，却不是她……

二、电影沙龙

1. 索米娅虽然后来嫁给了一位司机，但失去白音宝力格是她心里的痛，在这件事上，索米娅是否有错在先？她是否就应该承受随后的一系列苦难？奶奶在这件事上持有怎样的态度？说说你的理解。

提示：索米娅被小混混黄毛希拉玷污，但牧民们并没有把这件事当作犯罪，而且蒙古族珍惜每一个生命，这是索米娅和奶奶都坚持留下孩子的原因，也是她们并没有把这件事看得多严重的原因。奶奶看到白音宝力格在打斗时拔出匕首要杀黄毛希拉时大惊失色，责怪白音宝力格怎么可以杀人。在奶奶的心里，黄毛希拉的行为虽不被赞成，但因此就杀人是绝对不行的。

白音宝力格在若干年后来看索米娅，分别时索米娅因为自己不能再生育，也因为内心的感情，希望能替白音宝力格哺育孩子，索米娅认为这是女人最自豪的天职，也是尊严的表现。陈旧的传统思想中，女性生育是最根本的价值，而是否有独立的人格，是否有自己的尊严都不被重视，甚至妇女们自己也这样认为。

索米娅心里是爱着白音宝力格的，但是被黄毛希拉欺负后怀孕，担心白音宝力格会因为恨黄毛而不喜欢孩子，为了保护孩子，索米娅也没有挽留白音宝力格，她知道也留不住。同时，她也知道白音宝力格未来的生活会比她好，也有成全白音宝力格之意。

如果说索米娅错了，那么是当时观念的错误，女性地位低下，没有什么尊严与权利。也正因为此，索米娅为此承受了巨大的苦难，这是历史深处的悲哀。

2. 白音宝力格得知索米娅怀孕后愤然地离开草原，他这样做对吗？为什么他又在十几年后放心不下索米娅？跟达瓦仓比，白音宝力格忽视了什么？奶奶和索米娅坚持保住孩子是否是愚昧？

提示：白音宝力格向往的是纯洁的爱情，没有任何瑕疵的爱情，他接受不了索米娅怀孕这个事实，也痛恨黄毛希拉，以至于差点宰了他。

他无法接受黄毛这样的人不被法律惩处，无法接受很多女孩子逆来顺受。白音宝力格虽然在草原上长大，但他接受了新思想后，就不能忍受旧的思想。

达瓦仓一直生活在草原上，他也不喜欢草原上那些旧的传统观念。他保持着内在的善良，他之所以迎娶索米娅，就是看到一个女人辛苦地埋葬老人，太可怜。

白音宝力格也不是心肠硬的人，他虽然赌气放弃了婚约，但随着年龄的增

长，他放不下索米娅，至少一定要帮助她的生活，于是在十几年后又来到草原看望索米娅和奶奶。他不知道奶奶已经死了。当年的白音宝力格年轻气盛，完全被当时的事气晕了，以至于狠心地抛弃了索米娅。白音宝力格希望人们的生活更纯洁，这个没有错，确实要打击黄毛这样的人，但不能因此而迁怒于索米娅，也推卸了保护索米娅和奶奶的责任。

奶奶和索米娅代表的是草原母亲的形象，他们肯定是反对黄毛那样的流氓，但面对新生命的孕育，她们就变身为母亲，全力地给予保护。正是这种母性的爱，才使得所有的生命都能健康生长，这是一种原始的本能，她对所有小生命都无条件地善待，毕竟生命是无辜的。这是人内心深处的一种善，正是这种善，使得这个世界充满生机和温情。

3. 如何评价索米娅跟达瓦仓的生活？索米娅是否因为白音宝力格的弃约而生活在悲惨中？

提示：达瓦仓是个忠厚善良的草原汉子，虽然有酗酒的毛病，也不喜欢索米娅带来的琪琪格，但他在看到索米娅无依无靠时施以援手。索米娅也是知恩图报的人，与达瓦仓组建了家庭。

索米娅是个坚强的人，为了琪琪格，她打起精神，努力地生活着。为了琪琪格能上学，她在学校里干零工，做那些脏活累活。家里又有了4个儿子，她辛苦工作，把全部的爱都奉献给了孩子们。索米娅没有因为伤痛而失去继续生活的信心，而是全力工作，与丈夫一道共同支撑着一个家。

4. 《黑骏马》的故事给我们以怎样的启示？

提示：什么时候都不要让内心的善良旁落。影片反映的是几十年前发生在蒙古草原上的故事，当时一些落后乃至错误的观念还没有被彻底清除，黄毛希拉就是在这样的环境中胡作非为，逍遥法外。白音宝力格接受不了这种陋习，追求文明没问题，但不应该泯灭自己内心的善良，推卸应该承担的责任。他应该想到索米娅此后的悲惨生活，希拉肯定不会跟索米娅结婚，独自带着孩子的索米娅跟年迈的奶奶一起怎么生活？白音宝力格也可以追究希拉的罪责并诉诸法律。在白音宝力格的心里，也有一些另外的陈旧观念，这些观念和新思想交织在一起，使他做出决绝的行为，以至于很多年不回草原，忽视了索米娅和奶奶可能面临的艰难困苦。

我们在生活中也会遇到一些不公平的事件，甚至直接冲击着我们正常的生活，侵夺我们的利益。但这个时候，要守住内心的善，保持头脑的清醒，可以拿起法律的武器，不能以怨报怨，也不能因为气愤就伤害无辜的人。

拓展延伸

1. 推荐张承志的中篇小说《黑骏马》。

电影《黑骏马》是根据同名小说改编的，阅读这部小说可以加深对电影的理解，会进一步感受蒙古族人民强烈的生生不息的生活信念。

2. 结合小说和电影，写一篇文章，表达你对这部电影主题的理解。

强国之梦，爱国情怀
电影《横空出世》

□ 姜新华（黑龙江省七台河市教育研究院）

导演：陈国星

类型：剧情／历史

制片国家／地区：中国

上映年份：1999 年

德育主题

《横空出世》反映的是崇德弘毅的故事。电影通过老一辈军人和科学家们研制原子弹的事迹，表现了人们崇高的爱国热情和坚毅的奋斗精神。电影启示我们，高尚的精神追求对事业和生活都有着重要的作用。

电影赏读

一、情节回顾

将军冯石接到上级命令，从朝鲜战场直接转战到甘肃的敦煌，任务是建立基地研制原子弹。这是一项极为艰巨的任务，毫无经验，一切要从零做起。以苏联专家为首的专家组确定了研发基地，但冯石将军感觉敦煌这个地方太小，还有珍贵的文物需要保护，就重新考察，最终确定在荒无人烟的罗布泊建立基地。研究刚要展开，苏联专家撤走，一切都要靠自己的力量。从麻省理工学院毕业的核物理博士陆光达临危受命，担任原子弹研制的总指挥。由于当时没有计算机，很多数据只能用算盘打，工作量很大。在基础施工中，冯石和陆光达出现意见分歧。冯石同意用盐碱水搅拌水泥，认为无碍；陆光达发现后直接制止并责令拆除当天施工的建筑，同时指出这绝对不可以。

冯石最终尊重了陆光达的意见，并加大了淡水运输的力度。两人通力合作，原子弹的各项实验有条不紊地进行着。三年困难时期，基地人员也遭遇了粮食短缺问题，很多人出现浮肿，冯石提议知识分子优先，陆光达则坚持一律平等。大家高风亮节，众志成城，胜利地渡过了难关。陆光达在北京机场遇到加入美籍的华人同学，也是科学界的重要人物，两人的相见被外国媒体报道，保密局担心他泄密而停止了陆光达的工作。冯石直接到北京，为陆光达担保。最终，陆光达重返实验基地。在全体战士和科研人员的努力下，原子弹爆炸成功。

二、主题解读：人需要崇高的精神境界

第二次世界大战中，美国在日本扔下两颗原子弹，直接导致日本投降，让世界见识到原子弹的威力。原子弹成为军事强大的标志。中国为了强大国防力量，对抗美国的威胁，制定了自己研制原子弹的方针。当时的中国，经济基础和科学力量都不足，这项任务空前艰巨。这项工作需要有强烈的爱国热情，而且还要隐姓埋名，甚至随时准备着付出巨大的牺牲。冯石将军和陆光达博士担起重任，谱写了一曲华美的乐章。

苏联专家撤走

由于新中国的科学力量比较弱，重大项目的建设都依赖苏联专家。苏联专家初步选定了敦煌。这个意见被冯石将军否决，因为敦煌地区太小，原子弹的研制若有闪失就可能危及敦煌文物的安全。经过艰苦的考察，冯石

最终确定在罗布泊建立原子弹研发基地。苏联专家之所以选址在敦煌，深处的想法是不希望中国造原子弹，只研制氢弹就行，苏联会保护中国的安全。但中国坚持自己要拥有原子弹，这是挺直腰杆的重要砝码。

原子弹的理论设计开始是依靠苏联专家，后来苏联专家奉命回国，并带走或烧掉了所有设计图纸。中国科学家们不得不自己研制，陆光达担起了技术方面总指挥的重任。

争 执

冯石作为基地建设总指挥，肩负着工

程建设、安全保卫以及生活保障的重任。

　　首先面对的是基地的选址问题，虽然上级同意了在罗布泊建设基地，但具体地点需要临近水源。在沙漠中找水就是一个大问题，有些同志就是在寻找水源的过程中牺牲。辗转多地，终于找到了有水的地方。

　　在基础工程的水泥浇筑过程中，由于淡水不足，冯石就答应工程团可以使用盐碱水搅拌混凝土。陆光达发现了，责令停工，还命令拆除当天的建筑。冯石认为没必要，而且淡水得从几百公里之外运来，工程用水都超过生活用水了，根据当时的运输能力，淡水供应不上。再说，人都可以喝这苦咸水，搅拌水泥应该没问题呀！陆光达坚持必须按照工程设计施工。最终，冯石还是执行了陆光达的要求，随后几乎把所有的车都改装成储水车。

　　有人说冯石可以顶三个师，有人说陆光达能顶五个师。

挨　饿

　　基地的生活供给是国家保障的，但是遭遇了三年严重困难，基地的官兵

和科研人员也面临着饥荒。

冯石在领导会议上提议要确保知识分子优先，但被陆光达否决了，他指出知识分子也不会同意这一决议，毕竟战士们的劳动强度很大，更需要营养。陆光达提出一视同仁的政策，大家共渡难关。

因为营养不足，浮肿、腹泻、夜盲症等大面积发作，大家都坚持着。基地的人们之所以能坚持着工作，就是凭借着爱国的精神，为了早日造出原子弹，增强自己国家的国防力量。

很多知识分子高风亮节，一位老科学家在拿干粮的时候说自己饭量小，吃半个就行。实际上这位科学家正患着重病，经常咳血，更需要基本的营养。

后来饥荒解除，冯石拿着馒头、窝头、土豆和鸡蛋来犒劳知识分子，当时的场面让人心酸。

信任危机

陆光达的妻子王茹慧的父亲是资本家，虽然父母离婚，她跟着妈妈一起生活，但仍然不能接触原子弹研究，在家里都有士兵看守，妻子不能靠近丈夫的研究。王茹慧是学原子能的，就是因为出身而不能参加原子弹的研究。

王茹慧没有怨言，后来接到军委的邀请，给将军们讲原子弹的知识，王茹慧激动得流下眼泪，这是信任的力量。

陆光达有一次去北京开会，在机场被麻省理工学院的同学夏世中认出来。夏世中是美籍华人科学家，两人拥抱的照片被国外报纸登载出来。国家保密局因此停止了陆光达的职务，要其接受审查。听到消息的冯石非常生气，亲自到北京找上级，拿自己的脑袋为陆光达担保。后请示总理，陆光达的职务才得以恢复。

陆光达走下直升飞机，看见基地的官兵和科学家们在列队迎接，眼泪涌满眼眶，不容易啊，得之不易的信任！

原子弹爆炸成功

消除了一切后顾之忧，原子弹的研究试验进展得更加顺畅。

冯石对原子弹的研究充满希望，他作为一线作战的将军，深切感受到武器落后的悲哀，看到自己的士兵被凝固汽油弹烧死，听到美国士兵叫嚣着要用原子弹给中国做外科手术，这些惨痛的记忆无法忘却，他希望早日拥有原子弹，不再受敌国的威胁。

原子弹成功爆炸的那一刻，冯石将军流下了热泪，很多人都喜极而泣。基地的官兵和科学家们一起欢呼起来，上千个日日夜夜的辛苦，终于换来成功的喜悦。

当时的国家一穷二白，经济基础薄弱，科技力量不足，但就是凭着艰苦奋斗的精神，就是凭着不想受人欺辱的志气，战天斗地，攻难克险。广大官兵和科学家们都付出了巨大的牺牲，隐姓埋名，几乎付出了毕生心血。他们是让人尊敬的人，他们是人类的楷模，他们展现了崇高的精神境界。在当下，这种精神应该大力发扬，不为物欲所控制，不为名声所牵绊，为了自己内在的信念，勇往直前，无往不胜！

电影对对碰

一、观影准备

1. 什么是核武器？

核武器是指利用能自持进行核裂变或聚变反应释放的能量，产生爆炸作用，并具有大规模杀伤破坏效应的武器的总称。原子弹是核武器。1945年7月16日，美国成功爆炸了世界上第一颗原子弹。1945年8月6日，美国用B-29轰炸机运载"小男孩"原子弹轰炸广岛。1949年，苏联爆炸成功自己的第一颗原子弹。1952年英国第一颗原子弹爆炸获得成功。1960年法国也爆炸成功。1964年中国原子弹爆炸成功，成为第五个有核国家。

2. 查一查中国发展核武器历程的相关资料，并讲一讲动人的故事。

二、电影沙龙

1. 请结合电影反映的国际局势，说一说我国为什么要研制原子弹。

提示：强权源于力量，和平来自威慑，这在很大范围内还是军事领域的准则。而力量与威慑都跟武器的先进程度直接相关，原子弹等核武器是最前沿的。有核武器的可以称霸，可以威胁其他国家，没有核武器的就面临威胁。美国在与日本的战争中率先使用了原子弹，即在日本的广岛和长崎扔下了两枚原子弹，强大的杀伤力为世界所瞩目。新中国建立之初，美国与台湾达成军事保护协议，威胁着大陆的安全。国家领导人做出决策：自己研制原子弹。正如邓小平所说："如果六十年代以来中国没有原子弹、氢弹，没有发射卫星，中国就不能叫有重要影响的大国，就没有现在这样的国际地位，这些东西反映一个民族的能力，也是一个民族、一个国家兴旺发达的标志。"这段话准确地表达了研制原子弹的重要意义。

2.原子弹的研制需要哪些条件？

提示：拥有原子弹制造能力的国家是对其成果保密的，因为谁掌握了这项技能，谁就拥有军事的主动权。要想独立地研制原子弹，首先就需要强大的经济力量支撑，这不是几个人能完成的，需要军队和众多科研人员的齐心协力才能做到。其次是强有力的人才力量，没有陆光达为首的大量高科技人才，攻克研制原子弹这样的难题是不可想象的。

虽然当时我国经济实力还不够强大，但能集中力量做这件事，给予了原子弹研制最强有力的支撑。科研团队高风亮节，思想高尚，积极响应国家的号召，从国外纷纷回到祖国，这也是不可或缺的必要条件。

更要强调的是爱国精神，人是离不开精神的。无论是广大官兵，还是众多的知识分子，要参与研制原子弹都需要付出巨大的牺牲，隐姓埋名，甘愿把毕生的精力奉献给国家。没有非凡的意志，没有崇高的精神，是做不到这些的，而且在原子弹研制中有无数的困难，甚至包括饥荒。就是在这样的条件下，原子弹依然爆炸成功，这就更显出基地人员人格的高尚与伟大，这种不计名利、无私奉献的精神是值得赞颂的。

3.讨论一下核武器发展的优势与弊端。

提示：这是一个尖锐而现实的问题。没有核武器国家会遭到拥有核武器国家的威胁，拥有核武器就可以抵御敌国的威胁，挺起国家的腰杆。这是核武器的积极意义。与此同时，核武器还可能给人类带来灾难。当今世界现有的核武器如果爆炸，足以毁灭人类。

　　核武器是一把双刃剑。作为一个负责任的大国，中国已经于1996年停止了核武器的研究与制造，全世界也都停止了这项可能导致人类自我毁灭的研究。为了世界的和平，为了人类的安危，确实应该停止核武器的研制。现在个别国家还在这个问题上蠢蠢欲动，也受到了国际社会的谴责，每一个世界公民都应该保持这份清醒，不能让战争升级，要努力地营造世界的和平秩序。

拓展延伸

　　1. 推荐十集电视纪录片《核武器》。从中可以全面地了解核武器的各方面问题。

　　2. 原子弹的研制人员付出了巨大的牺牲，之所以能做出这些牺牲就是因为他们心中都充满信念。请结合电影情节，写一篇文章赞美这种信念。

真情侠义，一诺千金
电影《平原上的夏洛克》

□ **姜新华**（黑龙江省七台河市教育研究院）

导演：徐磊

类型：剧情／喜剧／悬疑

制片国家／地区：中国

上映年份：2019 年

德育主题

《平原上的夏洛克》是一部反映传统美德的电影。影片通过超英全力救治因自己而遭遇车祸的好友的故事，表现了人与人之间的那种担当责任、一诺千金的优良品质。这个故事可以帮助我们进一步强化道德意识，做讲道义、行好事的人。

电影赏读

一、情节回顾

勤劳的农民超英靠养牛赚了17万元，还清借债后准备翻盖老房子。乡亲们都来帮忙，老朋友树河在买菜的路上被汽车撞伤，肇事司机逃逸，路过的乡亲把他送到医院。如果找到肇事者可以由其承担医药费，但一般很难找到肇事者，大家建议让树河说是自己摔的，这样可以凭农村保险报销70%。正直的超英坚持报案，所有医疗费都自己垫付。树河一直昏迷不醒，需要做手术，手术后又进了ICU，几乎花光了超英的卖牛钱。

为了找到肇事司机，好朋友占义和超英一道走上了破案之路。根据路边的摄像头，锁定了三辆车。通过熟人查到车主的信息，一个是学校的，一个是土产店主，一个是企业家。所有的调查都是暗中进行。前两个很快就排除了，人家的车上根本就没有刮痕。在企业家的车上发现了刮痕，但对方说是在小区门口剐蹭的。有一个乡亲帮忙在企业主的行车记录仪上发现车主与一女子的影像，就想以此要挟12万元，用来补偿医疗费。本来已经说好，但超英从刚康复出院的树河那里得知肇事车是白色的，而企业家的车是黑色的，于是通知企业家不要钱了。企业家不放心，坚持要在约定地点见面。超英本不想再去，但发现占义去赴约了。于是骑马先赶到现场，把资料交给了企业家，没要钱，但企业家带来几个人把他打了一顿。

之后，超英和占义去医院接回了康复的树河。日子重新开始。

二、主题解读：人间自有真情在

拮据的生活容易让人变得小气，有些人还为了一时的利益做一些缺德的事儿，现实生活中不乏这样的例子。人们都不想过贫穷的日子，也不喜欢做那爱占便宜的人，只是受生活际遇的影响而遮蔽了内在的善良，这就更显现出能守住道德心而行动的，尤其值得我们赞美与佩服。《平原上的夏洛克》中的超英，做人就是"好样的"。

坦然担起责任

这是发生在河北农村的一个故事。超英卖掉饲养的牛，手里有了钱，就准备翻盖新房。树河来帮忙做饭，在买菜途中被一汽车撞伤，车主逃逸。超英主动地承担责任，掏钱为树河做手术。有人就劝超英，不要报案，因为报案也基本上找不到肇事司机，出事地点没有摄像头，还是下雨天，现场被破坏了。要说是自己不小心摔的，就可以走农村合作医疗保险，能报销70%的治疗费。这是很现实的一个建议，这样超英只拿30%的治疗费，会大大地减轻负担。但是超英觉得这样不对，他不想让树河被撞得不明不白，他要伸张正义，就坚决报了案。

树河一度昏迷不醒，先是手术，接着住进费用高昂的重症监护室，花费巨大，树河的外甥不时地催促超英交钱。超英一方面盖着房子，一方面支付着树河的住院费，卖牛的十几万元很快就花光了。房子盖不成了不说，还面临着连续不断的治疗费。找到肇事者是必须要做的事情了，占义作为好朋友跟超英一起做这件事，他俩人就成了破案的"夏洛克"。

合力破案

在去肇事现场的路上，发现了一家店铺装有摄像头，这是通往肇事地点的必经之路，可以查看都有哪些车经过这里。老板不认识他们不让看，超英就找人帮忙，最终在熟人介绍下看了视频记录。经过仔细筛选，确定了三辆车，记下了车牌号，又通过熟人知道了车主的基本信息，接下来就是逐个调查了。

第一辆嫌疑车的车主在学校工作。学校保安不让进校，超英和占义就找了个僻静处翻墙而入。按照车牌号找到了车，仔细检查一番没发现刮痕，排除了这辆车的嫌疑。

第二辆嫌疑车的车主开土产商店，超英按照商量好的策略买货架上没有的气泵，但店主竟然说气泵放在后院了，然后就拿了过来。超英压低价格，只想脱身，没想到店主竟然同意，超英只好买下。超英在前院与店主讨价还价以牵制店主，占义则趁机悄悄潜进后院，经过仔细检查，车上也没有发现刮痕，又排除了一个嫌疑人。

第三辆车比较难查，他俩先是混进地下车库，发现车确实有刮痕。为了进一步确认，他们通过熟人找到一个治安警察帮忙调查，车主说是在小区门口剐蹭的。超英、占义认为车主说谎，就琢磨从车主行车记录仪上找证据。在一个年轻人的帮助下，经过一番周折，获取了行车记录仪上的存储卡，但存储卡上只保留着三天的记录，没有事发那天的录像。正沮丧，忽然看见录像中有一段车主与一年轻女子牵手的影像，因为超英去过车主的家，见过车主的妻子，而这人不是他妻子。帮忙的年轻人就拍照并通过手机发给了车主，按照超英花费的钱数向车主索要 12 万元。

放弃勒索

在这个过程中，树河康复出院，回忆说撞自己的车是白色的，而超英锁定的企业主的车是黑色的，超英意识到搞错了。超英询问交警队案件进展情况，但没有什么进展。晚上超英与占义正喝酒聊天，那企业主打电话过来，说筹好了钱约在城东大桥下"交易"。超英说不要钱了。占义私下认为应该要钱，就撒谎说上厕所而开车去接头地点。超英听到车声知道占义可能代替自己去要钱了，就骑马抄近路赶往接头地点。

企业主很爽快，主动把钱交给超英。但超英坚决不要，并把存储卡交给了对方。对方就觉得很奇怪，但毕竟被勒索，就让带来的几个人把超英打了一顿，带着钱走了。

老实农民的满身义气

这部电影充溢着温暖的人情，超英盖房子，乡亲们都来帮忙，超英也很慷慨，买猪肉犒劳大家；超英查案，占义放下自己的活计全程跟随。最核心的，是超英的责任担当，毫不犹豫地为树河出治疗费，后来发现冤枉了企业主，坚决不要对方的钱。

在查案过程中，还有各种熟人帮忙，这些人情中有不合制度的部分，比如超英通过熟人查到车牌号车主的信息，让作为熟人的治安警察到"嫌疑人"家里查证，通过熟人混进地下车库盗取企业主行车记录仪上的存储卡等，这些都是不合法的。但超英还是守住了道德底线，如果只是顺着人情和实际的利益，那超英就可能不全额支付树河的医疗费，就可能收取企业主的钱。

超英的义气启示我们，无论如何都要守住道德底线，这样才会心安，这也是中华民族道德的核心。只要能守住基本的道德和担当，就有继续生存下去的信心和勇气。超英因为给树河治病，没钱接着盖房子了，老屋漏雨，超英用塑料薄膜接雨，并把一缸金鱼倒在塑料薄膜里，漏雨的屋顶变成美丽的"金鱼顶"。导演徐磊说自己的作品就是"直面生活的平淡和残酷，又能给人以继续生活下去的力量"。

守住道德，守住良心，就会有新的希望。影片结束时，作为好友，超英和占义陪着刚出院的树河到自己的瓜地里看看，作为地道的农民，有土地就有希望，有秧苗就有未来。

电影对对碰

一、观影准备

1.《平原上的夏洛克》之"夏洛克"。

夏洛克·福尔摩斯是柯南·道尔所著侦探小说《福尔摩斯探案集》系列中的主角，同学们有时间可以阅读这套书。

2.《平原上的夏洛克》故事原型。

导演徐磊介绍说，这个故事的灵感是从一个真实事件来的。他一个亲戚被车撞了，肇事车跑了，他们当时就没报警，自己去找肇事者。如果报警就没法走医保，两全之计就是先找到这个人，然后再报警。

二、电影沙龙

1.说说电影最能打动你的细节，并说出理由。

提示：这个环节可以展示同学们不同的观影视角，借以锻炼捕捉电影信息的能力；同时，通过不同角度评价电影，也会促进大家更全面地理解电影。这就为下面的深入把握电影的主题，表达获得的启示奠定了基础。

要把握住几个重要的情节：超英翻盖老屋是心中的夙愿；超英义不容辞地为树河交住院费；树河的外甥几次三番地向超英催要住院费；超英、占义为了查找逃逸司机动用了各种熟人关系；占义为超英的事全力以赴；超英得知真相后放弃要企业主的钱；等等。这些细节都直接反映了电影的主题。

2.占义和超英为了查案，动用熟人关系获取了嫌疑车主的个人信息，盗取了企业主行车记录仪上的存储卡，这样的行为还有一些，我们该怎样评价这些事情？

提示：这种情况其实就陷入了科尔伯格所讲的道德两难。科尔伯格例举了一个故事：海因兹的妻子病危，药剂师发明了一种专治这种病的特效药。这种药很贵，海因兹买不起，跟药剂师商量分期付款未果。海因兹为了救自己的妻子，夜里偷盗了药剂师的药。我们该如何评价海因兹这件事？

与之相似的例子还可以举电影《我不是药神》：国内在销售一种有专利的高价癌症治疗药物，一般人买不起。主人公在印度买来没有专利的相同的药，低价卖给患者。

这些事情该不该做？为什么？

这背后，一方面是康德的道德的绝对律令，即无论什么情况都不能违反道德；另一方面则是彰显生命和自由的重要，这是理想社会的追求，是超越当下道德规则的。

这里要明确的是，超英一行的借用人际关系所做的事情，是为了更高的目的吗？

3.超英的哪些行为是值得敬佩的？这些行为给我们哪些启示？

提示：这是电影要表达的核心。简单说，超英义不容辞地为树河出住院费，坚持向交警队报案，坚决不要企业主的钱，这三件事最能体现超英的高贵品质。

第一件事是责任担当，既然树河是为了自己家的事情而遭遇车祸，他就有义务为树河支付医疗费。第二件事表现了超英对法律和正义的维护，这其实是每个公民的责任，只有这样，才能更好地保护大多数人的权益。虽然影片中的交警工作不力，但不能因此就不相信法律。第三件事则是坚持正义，既然对方不是肇事者，就不能要人家的钱，即使因此花光了计划盖新房的钱，即使对方有把柄抓在自己手里。

我们从这部影片中得到的启示就是，无论遇到多么艰难的事情，都要守住做人的道德底线，并对未来充满希望。

拓展延伸

1. 推荐电影《拯救大兵瑞恩》。

道德两难最考验人的道德性，《拯救大兵瑞恩》反映了几组道德两难问题。一个母亲的三个儿子都参军打仗了，两个儿子已经阵亡，指挥官意识到应该给这位母亲以支持，于是就发出命令，安排专门的小组把战场上的这位母亲尚未阵亡的小儿子送到后方。八人小组开进了战场，寻找大兵瑞恩，问题是他们也面临着危险，八个救一个，是否合理？除此之外，影片中还有很多相同性质的抉择。这很考验人的道德性，值得一看。

2. 现实生活中你是否遇到过这样的两难问题？结合电影中的故事，写一篇文章表达自己的思想。

第三板块 自然伦理与生态文明

01 生态现状

02 守护行动

03 乡土情怀

04 人与生态

05 人类命运

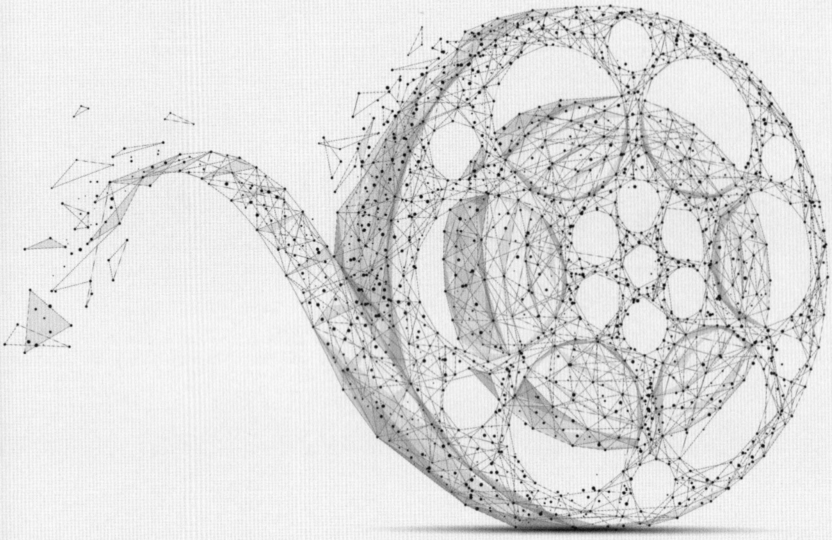

勇气与抉择，舍家是为国
电影《三峡好人》

□ 袁玉莹（河南省济源第一中学）

导演：贾樟柯

类型：剧情

制片国家／地区：中国

上映年份：2006 年

德育主题

关注社会变迁，见证时代变革，一段特殊的历史需要有人去真实记录，更需有人去感悟传承。三峡工程是世界瞩目的宏伟建设、伟大工程，然而"雄伟"背后隐藏的是一百多个即将消失的城镇和百万移民永久式的背井离乡。作为时代洪流中的有志青年，我们除了要赞颂壮举、敬仰格局之大，更要将视角下移，关注变迁的"大时代"背后的"小"，去体悟个体面对艰难处境的尊严，感受一个民族割舍乡愁的豁达和勇气。

电影赏读

一、情节回顾

山西人韩三明背井离乡，孤身前往遥远的"四川奉节县"去寻找16年前出走的妻子。妻子麻幺妹是三明曾经花了3000块钱买来的。带着和三明生下的孩子，幺妹十几年前就逃回了自己的故乡奉节。抱着对孩子的思念以及对家庭温存的执念，老实人韩三明不远万里奔赴重庆去寻亲。电影镜头在两岸连山、船游其中的巴蜀风情中延展开。来不及领略秀丽的巴蜀风光，韩三明的寻妻之路已处处充满坎坷。先是一下船就碰到了地痞"强买强卖"的魔术表演。三明稀里糊涂地和一群同样不知所以的外地民工被推入表演棚，观看"纸片变美元"的魔术并被迫交所谓的"学费"。同行的农民工大多都自认倒霉地交钱，而囊中羞涩的三明木讷呆滞，除了一句"没钱"就只剩下一把随身携带的弹簧刀。这是一把不太像是为了防身，更像是为了守住从黑煤窑赚下的辛苦钱而随身携带的工具。当三明终于找到了16年前幺妹留下的地址"四川省奉节县青石街5号"时，却发现这里早已被三峡一期水位淹没。打听到移民局也只是得到"奉节不归四川管"和"电脑死机"这样草率的答复。不甘心的三明暂时在这里住下，当一名拆迁工人，靠出卖苦力一边挣钱一边寻人。在这片陌生的行将消亡的土地上，三明结识了朋友小马哥，和同样为了过活而挣扎在社会底层的拆迁工友。在大家的帮助下，韩三明最终辗转找到了幺妹，并得知了女儿的去向。幺妹质问三明"早不来，晚不来，为啥16年才来"，并告诉三明现在的男人算不上她丈夫，就是给口饭吃。三明知道幺妹过得不好，萌生了想带她回去的愿望，幺妹的男人提出只要三明把麻老大欠他的3万块钱还上就可以带人走。三明吃了幺妹塞给他的大白兔奶糖，重整行囊再次出发，打算回山西煤窑继续做矿工，攒够钱就接幺妹回家……

山西人沈红是个沉默寡言的本分人，在故乡医院当护士。丈夫郭斌远在重庆奉节造船厂打工，已经两三年未归家。两人只靠着一部手机断断续续地联系，沈红心知与丈夫的婚姻早就名存实亡，可她仍旧不甘心，想要为自己讨个说法，于是跋山涉水到异乡去寻找出走的丈夫。到了奉节后，沈红在造船厂没有找到郭斌，只得到丈夫早已离职去做生意的消息，还有一柜子被遗弃的证件、生活用品。人了无踪迹，只剩下不要的东西，就好像沈红被抛弃的婚姻一样。在码头，沈红用郭斌柜子里的"巫山云雨"泡了一杯茶，茶香没有四溢，沈红只品尝到了生活的苦涩。后来沈红通过郭斌文管局的战友王东明了解到郭斌的"拆迁"生意做得风生水起，并且傍上了更有权有势的厦门女人。

那天晚上，沈红终于下定决心，结束这段没有意义的破败婚姻。联系上了郭斌见面后，两人沉默无言。沈红自称"爱上了别人"要和郭斌离婚，两人在江边跳了一段丈夫最喜欢的交谊舞，和平分手。买了去新移民村的船票，沈红打算彻底告别过去，投入新生活中……

二、主题解读

电影《三峡好人》由贾樟柯执导，曾获第63届威尼斯电影节主竞赛单元金狮奖。故事发生在21世纪初，在长江三峡工程的建设和居民预备拆迁中展开。电影通过两个外来人韩三明、沈红的找寻与割舍，反映了中国社会转型时期底层小人物的生存境遇和精神状态。故事由四个篇章"烟""酒""茶""糖"组成，看似毫无联系的两个人——韩三明和沈红，在这片两年内要被拆完的千年古城中一起见证了变迁的时代浸润在人们精神中的点点滴滴，而他们或许也只是他人眼中挣扎在生活洪流中的渺小一员而已。

记录历史

影片用纪录片式的镜头语言叙述着中国式的"特色"拆迁。破败的，一切都是破败的。四周墙壁没有完整且封闭的家，只有破了漏风的危险建筑。到处都在砸墙，到处都是等待被爆破的拆迁建筑。人们就在拆了大半，栏杆摇摇欲坠的危楼中打牌、做生意、生活。这是21世纪初三峡周边拆迁的真实写照，人们并没有建设新生活的激情和告别旧居的狂欢，反而徘徊流连在拆迁的废墟里，跟这个祖祖辈辈生活了多年的城市艰难道别。我们通过另一种视角感受三峡工程的建设，更有共鸣感，更具冲击力量，对历史的了解也更加全面立体。

乡　愁

乡愁是文艺作品经久不衰的母题，也是最能打动人心引起共鸣的情愫。不论是沈红和韩三明的寻亲，还是奉节本地人永久式的背井离乡，都让我们感受到文化流淌在我们血液里亘古不变的哀思——乡愁。现代人的家庭意识淡薄，许多学生对家乡的认可度低，对家庭氛围的参与不够重视，不能很好地理解亲情之于人的慰藉，故土之于人的支撑。只有当"走出去"，或者"失去它"，才能感受到难以割舍的撕心裂肺。

平民视角

电影格外关注大事件中的小人物，除了韩三明和沈红，故事中还有其他很多典型的小人物。有为了三毛两角争辩的摩的小伙；有因为拆迁只能搬到桥洞下住的耄耋老人河伯；还有热爱"英雄本色"又死在"江湖"中的小马哥；更有计划跟着三明远走山西黑煤窑打工的拆迁队友……也许对于有些人来说，生活就是从一种形式的苦难向另一种形式的苦难迁徙。明天依旧未知，是"割舍"过去，投入到新世纪的建设？还是坚持"找寻"，直面艰苦卓绝？这是每一个面对时代变迁的底层人民必须要做出的选择。小人物也有小人物的善良，三明在看到独臂男人时，也会感叹一句"真不容易"。然而他自己又何尝不是在生活的泥泞中跌爬滚打的那一个？三明的悲悯让我们感动的同时也让我们赞叹，即使生如蝼蚁，也有生存的尊严和直面现实的勇气。

电影对对碰

一、观影准备

1. 三峡工程。

三峡水电站，即长江三峡水利枢纽工程，又称三峡工程。中国湖北省宜昌市境内的长江西陵峡段与下游的葛洲坝水电站构成梯级电站。

三峡水电站是世界上规模最大的水电站，也是中国有史以来建设最大型的工程项目。

移民是三峡工程最大的难点，在工程总投资中，用于移民安置的经费占到了45%。当三峡蓄水完成后，将会淹没129座城镇，其中包括万州、涪陵等两座中等城市和十多座小城市，会产生113万移民，在世界工程史上绝无仅有，并且如果库尾水位超出预计，还会再增加新的移民数量。

2. 华字塔。

重庆移民纪念塔又名"华字塔"，位于重庆市奉节县李家沟黑汉包，距离长江水面只有30米左右距离。塔高13层，总体造型如同繁体的"华"字，投资2000多万元。塔周围还规划修建青少年活动中心，制作反映三峡移民的大型浮雕。

纪念塔2003年完成主体工程。由长江联想到中华文明以及移民舍小家为大家的爱国情结，于是有了繁体"华"字的造型意；"华"字又有开花、繁盛之意，包含了对移民美好的祝福。该塔曾经在电影《三峡好人》中异化为火箭升空。火箭主体就是奉节县的"华字塔"。

二、电影沙龙

1. 观影结束，你是否对三峡工程有了进一步的了解？从电影主题的角度，谈谈你的感受。

提示：享受一项史无前例的丰功伟绩带给我们好处的同时，也应该反思其背后出现的问题。三峡工程对国家发展的助益毋庸置疑，但是我们应该学会用发展和辩证的眼光分析事物。在社会转型的关键时期，人们的行为方式、生活方式、价值体系都会发生明显的变化。真实地记录历史，就更应该关注在特殊历史时期最普通的底层人民的生活境遇，以便更好地研究未来的发展。

2. 试着结合"找寻"和"割舍"两个主题，来分析韩三明或沈红的人物形象。这些人物形象对你感知生活有何启迪？

提示：人生充满了"获得"和"失去"。"找寻"既可能是"割舍"不下的结果，也可能是"割舍"后的最终目的。韩三明是普罗大众中典型的"挣命"人。钱需要"挣",但像韩三明这类人甚至连"命"都需要挣。过去他在山西老家的黑煤窑做矿工,把性命拴在裤腰带上"过活"。这样一个生死命由天的人在骨子里"割舍"不下的,还是对家庭和亲人的眷恋。"找寻"是韩三明人生的意义,他也将为了"找寻"成功后的永不分离,重返命悬一线的黑煤窑继续"奋斗"。即使三明卑微如草芥,但他面对生活的坚韧,以及努力去赋予人生价值的姿态,仍然触动人心。反观我们如今的生活,没有理由不珍惜眼前的拥有。

3. 电影中出现了很多超现实的镜头,可以带给我们什么启示?

提示:电影中曾出现腾空起飞的"华字塔",以及在两栋大楼之间走钢丝的男人。电影的结尾韩三明打算重操矿工旧业,努力攒钱重新"买回"妻子,于是带着充实的幸福踏上了回山西的路。和他一起出发的,还有那些滞留在奉节的拆迁工友。不管是在"这里"或者"那里",他们都在社会底层摸爬滚打,那个在两栋高楼间走钢丝的男人隐喻的就是这些命悬一线的"挣命"人。他们的迁徙无非是从一种苦难向另一种苦难的迁徙。然而这些即使被生活糟践捶打的"挣命"人,却仍然保有一种努力攀爬的姿态,他们面对困境的勇气、坚韧的生命力、朴实的人情风骨都令人震撼、感动。生命竟然可以这样强悍的姿势演绎,而我们这些从睁开眼就拥有一切的孩子们,有什么理由不好好珍惜今日的幸福生活,又有什么理由不自尊自爱,肯定自己的价值?

三、趣味活动

1. 辩论赛。

请就三峡工程是利大于弊还是弊大于利,分组展开辩论,并总结双方观点。

2. 我为家乡代言。

请讲述一个有关家乡风土人情的故事,分享给大家。

拓展延伸

结合影片中的具体内容，以"乡愁"为主题，撰写一篇散文。要求写出自己的真情实感，写出个人对乡愁的理解。

(本文插图：河南省济源第一中学　孔童谣)

敬畏生命，保护自然
电影《勇往直前》

□ 姜新华（黑龙江省七台河市教育研究院）

导演：约瑟夫·科辛斯基

类型：剧情／传记／灾难

制片国家／地区：美国

上映年份：2017 年

德育主题

《勇往直前》是一部反映森林火灾的危害和救护队员优秀品质的电影，通过展示马什领导的消防队的一桩桩事迹，既反映了这些队员的优良品质，也展示了森林大火对人类生存环境的威胁，启示人们要与大自然和谐共处，保护生命，减少不必要的伤害。

电影赏读

一、情节回顾

马什原来是一支优秀森林火灾消防队的队员，后来成为一支二级队伍的队长。他正带领着大家刻苦训练，准备使队伍升级为高一级的先锋队。这个目标并不容易达成，优秀队员不时跳槽到好的队伍，因为那里的声誉和待遇都更好。马什不灰心，坚持训练，并不断地补充新队员，还积极地找自己的老朋友——上级主管帮忙。在老朋友的帮助下，马什的队伍获得了考核的机会。在救火实战中，考核官随行，在制订救火策略时马什坚决地否定了考核官的方案，成功地完成了任务。但马什高兴不起来，因为得罪了考核官，就会影响队伍的升级。好在考核官大公无私，对马什的行为赞赏有加，批准了队伍的升级。马什把这支队伍命名为"花岗山"。

马什把全部的精力都放在了森林消防事业上，之前就跟妻子约定不要孩子。妻子刚开始时同意，但后来有了做妈妈的愿望，因为丈夫的工作很危险，容易使她担心和绝望，而孩子会带给她希望。马什不同意，几经波折才理解了妻子的内心，也开始改变以前必然在工作中牺牲的观念。队员中还有一个叫布兰丹的，女友的怀孕唤醒了他的信心和责任心，从吸毒的状态回归到努力工作。在一切都变好的时候，消防队遭遇了一场大火，无路可逃，除了布兰丹全部遇难。

二、主题解读：爱

不是所有的英雄人物都有一个完美的结局。《勇往直前》是根据真实人物的故事改编的电影，马什为了森林消防事业跟妻子商定好不要孩子，全心全意地扑在事业上。他带领队伍完成了一个个任务，最后却跟自己的队员一起不幸殉职，让人唏嘘落泪。

成为消防先锋队

马什是一支二级森林火灾消防队的队长，很专业，很敬业。在凤凰城外的山火救援中，完成了上级交付的任务后，发现山火掉头朝向居民区，请示上级要带队去扑救，但被告知已经安排高级别的先锋队去了。这时，那支队伍经过，马什主动说出自己的救火建议。可是没等马什说完就被对方傲慢地打断了："你们是二级队伍，

跟在我们后面擦屁股就行。"马什很生气,但也无可奈何,下一级的救火队就要跟在高级别队伍的后面。

先锋队没能截住山火,大火直逼城镇,居民们惊慌地向外逃离。领队后来说,要是按照马什的建议,山火就不能烧到城镇,队员们很生气。虽然马什有真知灼见,但二级队伍没有资格先开赴现场,两名队员去了先锋队。马什知道那边的队伍很好,待遇也比自己的队伍高,无法阻止。

马什一直在训练自己的队伍,并计划着升级认证。他找到了好朋友——野外消防主管杜恩,请求帮忙。杜恩和马什一起去见市长，争取到考核的机会。马什既关心队伍的发展和队员们的前途，也关心城镇居民的安全，山火无情，马什希望自己的队伍能为居民们的安全贡献力量。

在杜恩的协调下，马什接受了一项救火工作，与此同时接受上级的考核，如果条件达到标准，就可以升级为先锋队。这对全队都是好消息，大家摩拳擦掌，早就等着这一天的到来。

开始还算顺利，马什和考核官意见一致，但在随后的一个问题的处理上，考核官不同意马什的策略，马什一下子暴怒，喝令考核官不要干预，并说自己有足够的经验和信心。结果表明，马什的策略是成功的。但在大家都为成功救火而兴奋时，马什却懊恼起来，因为顶撞考核官很可能使这次考核失败，晋级成为泡影。马什陷入郁闷、烦躁和焦虑之中。好在有杜恩的帮助，考核官也能摒弃前嫌并给予了客观的评价，队伍通过了考核，升级为先锋队！马什给新晋级的队伍命名为"花岗山"，因为这就是他们要守护的山岗的名字。马什组织了一场家属参加的队伍晋级庆祝会，并给每个队员印制了带有新队LOGO 的 T 恤。

接下来，马什带领同伴们成功地阻断了一场山火，保住了一棵颇具科学价值的老树。结束后队员们在树下合影纪念，这是他们晋升为先锋队的第一次亮相。

队员们的家庭风波

马什和妻子关于是否要生孩子的问题发生了争论，两人结婚前本来达成一致意见——不要孩子，但是渐渐的妻子阿曼达觉得应该有个孩子，这样才算像样的家庭，正如其他队员的妻子所言，孩子是她们坚持下去的动力，可以继续燃起内心的爱。但是马什坚持不要孩子，因为他认为救火队员牺牲是不可逃脱的宿命，不可能养育孩子。两个人各执己见，不欢而散。

阿曼达因为疲劳驾驶而出了车祸，汽车损坏但人没事。马什从杜恩那里得知消息后赶忙回家，抱怨妻子为什么不先告诉他，妻子反驳说，就是因为你总不在家我才学会独立处理问题，很多时候告诉你也没用！

队伍中有一位叫布兰丹的年轻人，之前是个瘾君子，跟女友也分手了，但女友怀孕的消息，一下子唤醒了他。他意识到不能再颓废下去了，就到马什这里应聘。马什让他和另一名前来应聘的年轻人一起，参与队伍的越野跑作为考核。布兰丹累得呕吐，但还是坚持了下来，马什决定给他一个机会，批准了布兰丹加入消防队。

布兰丹在外连续工作了几个月，回家后女儿都不认他这个爸爸了，他有点难过。妈妈就劝他换一个能在家照顾孩子的工作。在随后的保护古树的救灾中，布兰丹又被响尾蛇咬伤。妈妈再次劝他换一个安全点的工作，这样可以照顾家庭。布兰丹在一次市长为他们召开的庆祝会上，单独叫出马什，说自己想做建筑消防员，希望马什能帮忙推荐，说自己没有父亲陪伴长大，希望自己的女儿不再像自己一样。马什很生气，愤怒地冲着布兰丹大吼：没有哪个消防队会接收有过前科的人，离开我们，你将面临失业并重蹈覆辙，可能因此丧命或进监狱。

马什带着怒气把妻子从庆祝会上接走。阿曼达听到事情的原委后说这是你的问题，这件事触到了你的痛处，你不想面对家庭，你只知道救火，所以听不得另外的声音。马什变得更加愤怒，他没想到妻子竟然批评自己。他不想要孩子，但是阿曼达说结婚六年了，当初不想要孩子的想法改变了。马什接受不了妻子的想法，妻子在回家的途中把他赶下来。马什就独自一个人步行着去找好友杜恩聊天。

杜恩说你得知道自己死也不能丢弃的是什么事。马什回顾了自己年轻时在一次森林火灾救护时看到一只从火里冲出来的被点燃的熊,从他和队员们身边跑过又冲进黑暗,他觉得自己就是那只火熊。清晨再回到家时,他其实已经想清楚了,知道阿曼达说得对,不管怎样,要善待身边的人,要对未来保持希望。

新的战斗

新的火情出现了,马什奉命带队去救火。在车上,马什告诉自己的领队,说这是自己最后一年带队,以后他可以接手。工作的间隙,马什向布兰丹道歉,说受自身经历的限制,自己说的也不客观,会帮助他找到新工作。

马什安排布兰丹去远处的山顶瞭望。开始很正常,但后来风向转换,大火朝这边烧过来。马什让布兰丹迅速撤离,途中山火封闭了道路,好在临近消防队的车辆把他载出火场。

马什接到上级命令要去前方火场救火,但途中风力加大,消防队正处在大火燃烧的方向,马什请求灭火飞机的支援,但因为烟气太重飞机没能发现马什的消防队。大火迅速向这边燃烧过来,情况非常危急,马什命令所有队员紧急防护,趴到地上,将全身罩到防火罩下。但火势太大了,现场的19名消防队员全部牺牲。

家属们被集中到体育馆,虽然知道发生了不妙的事情,但没有确切的消息,据说还有一人侥幸生还。妻子们的情绪很紧张,都处在崩溃的边缘。

布兰丹本可以直接回家,但他坚持去体育馆。当妻子们看到布兰丹时,知道自己的丈夫已经死了,大家都陷入无尽的悲伤中。

阿曼达看到布兰丹走出去,就跟了过去,布兰丹大哭:"他比我好,他们都比我优秀,我应该去死而不是他们。"阿曼达忍着自己的悲伤,耐心地安慰布兰丹。

用爱开启未来

自然灾害是人类无法回避的伤痛。为了最大限度地减轻自然灾害对人类的威胁，才有了各种科学研究，更有战斗在一线的救生员、消防员等。我们要记住这些人对我们的保护与帮助，同时也要意识到他们付出的艰辛乃至生命。他们用爱保障着人们的安全，我们要用爱减轻他们的负担。从我做起，尽量减少对环境的破坏，增强环保意识和消防意识，最大限度地减轻这些消防员的压力和危险。

在这部电影中，爱是消防队员们生活的核心。布兰丹因为爱孩子，坚决戒除了毒瘾，参加了森林救火队；他的成长缺失了父亲的陪伴，他希望自己能陪伴女儿长大。马什最初不要孩子，其实是恐惧未来，担心不能给孩子带来安定长远的幸福，但在妻子阿曼达的坚持下，也意识到自己的恐惧，重拾信心。马什开始反对布兰丹的调离，但自己打算要孩子之后就理解了布兰丹，这背后是马什对未来重拾了希望。

电影对对碰

一、观影准备

1. 森林火灾。

失去人为控制，在林地内自由蔓延和扩展，对森林、森林生态系统和人类带来一定危害和损失的林火行为。

2.2019年3月30日下午5点，四川省凉山州木里县雅砻江镇立尔村发生森林火灾。31日下午，在扑火行动中，突发林火爆燃，30名扑火人员失联。4月1日，30名失联人员的遗体被全部找到，包括27名森林消防队员和3名地方扑火人员。

二、电影沙龙

1. 这部电影是根据真实的事件改编的,看到影片中那些可爱的消防队员牺牲时,你受到怎样的冲击?电影想告诉我们什么?

提示:看到那些可爱可敬的消防队员牺牲时,一定会很难过。他们是一个个鲜活的生命,正是他们的努力,换来广大人民的安定与幸福。正如马什所言,正是因为这项工作很伟大,所以他才选择做这项工作。

森林大火的发生有自然的原因,比如雷电,也有人为的原因,这就要求每一个人都能爱护我们的家园,守护我们的家园,增强安全防火意识,这样会减少消防员们的辛苦乃至牺牲。这部电影是一个悲剧,也正是因为这些鲜活生命的牺牲,严正地警告人们一定要爱护环境,安全无小事,每个人的努力都会为森林的安全贡献力量、减少牺牲。

2. 布兰丹浪子回头的动力是什么?马什结婚前跟妻子约定不要孩子,为什么在妻子的坚持下改变了主意?

提示:布兰丹成长经历并不幸福,没有父亲的陪伴,是妈妈独自把他养大。这导致他成年后不务正业,吸毒,盗窃。但人的内心毕竟还有善念,当他得知女友怀孕的消息后非常重视,他意识到自己应该担起父亲的责任,不能让自己的孩子重蹈自己成长过程中的覆辙。于是他改邪归正,加入马什的消防队,认真努力地工作。开始女友怀疑他,不接纳他,但逐渐被布兰丹的坚持打动,也意识到布兰丹重新做人了。

马什一方面对救护工作十分热爱,正是这份热爱使他清醒地认识到,这种繁忙且无规律的工作无暇照顾孩子,另一方面是马什意识到工作的危险性,出生入死的火灾救护很可能随时丧失生命,这使得马什对未来充满恐惧。妻子阿曼达原来也不想要孩子，但母性的本能以及母亲对孩子的希望寄托召唤她必须要养育孩子。马什开始坚决反对，随着一些事情的发生，阿曼达感化了马什，坚定了对未来的信心，他答应要孩子。这是爱的力量，希望的力量。

3. 队长马什值得我们学习的品质有哪些？

提示：首先是对事业的执着与热爱。他之所以选择森林消防员，就是因为这是一项可以拯救人生命的工作，正是这种伟大吸引着他去做。其次是他在工作上的专业性。马什自己的专业素质很高，作为队长还有很强的判断力。正是他的这些特点，才让他带出好的队伍，完成了一次次重要的救援工作。最后是善于修正自己的不足。他热爱森林消防事业，但对未来是悲观的，认为自己必死无疑，所以跟妻子商定不要孩子。但在妻子的劝说和鼓励下，改变了原来的想法，这样也并不影响工作，更重要的是重新树立了对未来的希望。

拓展延伸

1. 学习灾害中的自救常识。

威胁人生命安全的，不仅仅有火灾，还包括水灾、地震等突发灾难，这些灾难虽然发生率不高，但危害性很大，为了万无一失，就得在平时学习自救常识，练习自救技能。这可能是在非常时刻保护生命的重要措施。

2. 写出自己的心得。

每一个英雄的团队，在他们的英雄事迹出现之前，就已经做出了很多值得人们称道的事迹，也表现出比较高尚的精神了。成为英雄，是必然的结果。结合电影《勇往直前》中人物的事迹，写一篇文章，完整地思考一下，如何让我们的生活更有意义？

家园故国，乡土情怀
电影《无言的山丘》

□陈德红（河南省济源第一中学）

导演：王童

类型：剧情／历史

制片国家／地区：中国台湾

上映年份：1992 年

德育主题

"苦难"是国家和民族的文化母题之一。作为新时代的青年,更应该深入了解曾经真实发生在中华大地上的苦难,从而坚定革命信仰,更加珍惜当下的幸福生活,也对纷繁复杂的周边环境、云谲波诡的国际局势有一个客观、理性的认识。《无言的山丘》真实反映了日据时期台湾人民的苦难生活和"身份认同"的焦虑,对我们了解台湾历史,以及分析今天的台湾民众心态,都有着举足轻重的作用。

电影赏读

一、情节回顾

《无言的山丘》有两条主线:一条是宜兰佃户阿助兄弟——他们听闻九份挖金矿容易发财,就逃到九份,梦想挖到黄金还父亲病故欠地主的钱,退佃、买地过自耕农的自由日子,他们的梦想最终破灭。另一条主线则在妓院——当时日本军国主义发动太平洋战争,将台湾的金、米、糖等资源运回本土,矿工为偷运金子出坑,都得冒着危险将金子藏在肛门内,然后通过妓院的妓女放假出去卖。妓院既是美人窝,又是黄金外流的渠道。日本军警全面搜查妓院,妓女一生的积蓄被全部没收,矿工也因暴动而惨遭杀害。

电影的故事情节在一次次剧烈的矛盾冲突中逐渐展开,也为我们描摹了一幅日本殖民统治下,底层台湾人民生活的巨幅画卷。这些主人公有来自台湾农村的佃农阿助兄弟,有矿工遗孀阿柔和琉球来的富美子,有中日混血儿

红目仔，他们是被挤压在社会最底层的受苦、受欺凌的小人物。在黄金矿区，他们有不同的生活方式，有的想靠体力挖金，有的靠出卖自己换得金钱。他们忠厚、执着、坚韧，对生命和前途各有梦想和期盼，在忍辱中求生。

二、主题解读

1992年上映的《无言的山丘》是整个"台湾近代三部曲"中时长最长的一部。影片的故事背景是1921年前后，故事的发生地点是矿山村九份的金瓜石，在一个小山丘里展现了日据时期台湾社会各个阶层、各个民族人民的生活状态以及矛盾冲突。我们可以试着从这些角度探查电影的主题：

底层人民的悲惨命运。通过小人物的命运来揭露、控诉与反思历史是王童电影的一个重要文化主题。这部电影反映了日本殖民时期台湾底层小人物的悲惨命运，以底层叙事的方式突出了生存困境下小人物的挣扎与反抗。同为矿工的成仔和憨溪与阿助兄弟一样也难逃悲苦的宿命。憨溪一无所有地离开了矿山，正如他走时所哼唱的那样，"来空空，去空空"。戴着眼镜能识文断字的成仔因忍受不了完全置人的尊严于不顾的例行检查而与矿长走狗发生冲突时被枪杀。在日本殖民当局的残酷压制下，不仅是台湾的底层民众，就连同为日本的底层民众也同样生活在毫无希望可言的人间地狱中。来自琉球的贫困少女富美子与不知生父是谁的红目仔身处社会的最底层，日本人看不起他们低贱的出身，台湾民众认为他们"肮脏"。处在夹缝之中的红目仔寄希望于同本矿长，揭发出矿工和妓女偷金的秘密以此换取富美子的自由，却被矿长利用，不仅害了富美子，也害了其他人。

绝境中的挣扎、反抗与善良。《无言的山丘》关注小人物的命运，展现他们在社会、环境制约下的生活状态和"挣脱那些桎梏而求生"的愿望。成仔死前重复了四遍的"我们这样还像个人吗"以及最后的那句"你们把我们当做畜生是吗"，更是喊出了当时所有底层劳动人民的心声，也代表了导演对日本侵略者最有力的控诉，给当时日本政府所谓的"怀柔"政策当头一棒。

"穷极生恶"是很多作家和导演擅长的表现底层小人物生存的方式，然而在王童的电影中，底层小人物们尽管都遭受着各种各样难以忍受的苦难，却大多保持着一颗单纯善良的心，这样纯善的灵魂却因为命运的不公而被迫害乃至死亡，也许这正是王童电影所具有的最能打动人心的悲剧力量。影片中的农妇阿柔是怀抱希望、努力奋斗、忍辱求生的典型代表。她代表少数不屈服命运的台湾人，即使两任丈夫都离开了，但她依旧坚强勇敢。阿柔既不对金矿抱有幻想，又不自暴自弃、得过且过，最后带着对爱和美好生活的执念，在辛苦攒钱换来的田地中继续生存。影片中，阿柔执意将阿助的牌位带走的身影体现了一个伟大女性的形象，那不仅是"命中定数"的前缘，也是一种女性情深意重的放大。

身份和主体意识的探索与追寻。台湾因为种种历史因素导致其在政治、经济、文化方面形成了多重身份混淆的状态。在王童的电影中，身份认同一直是一个重要的叙事主题。《无言的山丘》中，王童设置了一个矛盾且富有意味的人物——红目仔。红目仔从小在妓院长大，不知道自己的生父是谁，但他幻想着自己的父亲是一个日本人，他以日本人自居，说着满口的日语，并当成炫耀的资本。他渴望获得一种身份认同成为日本人，同时又憎恨奴役自己的日本矿长并杀死了他。红目仔的个人命运和内心纠结代表了台湾对于日本的矛盾心态。日据时期，从教育到文化，再到思想观念，彼此之间形成了一种剪不断、理还乱的联系。台湾人对日本人的态度也几经改变，早已超出了一般意义上的敌对或者顺从。经过几十年的殖民经历，台湾社会中日渐形成一种对日本既崇拜又敬畏的复杂心理，不少被"皇民化"教育和洗脑的台湾人内心中有着一种渴望自己成为日本子民的心理。但是在日本人眼中，台湾只不过是其殖民和掠夺的地方，而台湾人更是低人一等的"贱民"。

家庭归属，对漂泊灵魂的安放。"家"是中国传统文化的基石和象征。王童几乎所有的电影，最后的结局都

跟小人物的"家""回家"有关,在这里,他将家、国进行置换并对其进行寓言式的言说——家是寻求慰藉的空间。《无言的山丘》中,憨溪不满矿上的压榨,首先离开并回到了福州老家;富美子的家人不得已而出卖了她,但她还盼望着早日回家团聚,却最终客死异乡;从不向命运示弱的阿柔,在第三个男人也死于矿井后,她伤心地砍断了存钱的竹竿,拿出积蓄带着四个孩子头也不回地离开矿区回老家去了。"家"是人心灵最后的避难所,可能"回家"后,等待自己的并不是美好的一切,然而,"回家"始终是最后的追求。

电影对对碰

一、观影准备

小调查。

1. 你以前看过反映台湾风土人情、民众生活的电影吗?

2. 你了解日本侵略台湾的历史吗?

3. 你了解日据时期台湾普通百姓的生活情况和他们的精神世界吗?

4. 你对今天台湾人民的日常生活了解吗?你平常关注两岸交流的相关新闻吗?

二、电影沙龙

1. 电影的哪些人物和情节给你留下了深刻印象?为什么?

提示:给我们留下深刻印象的人物——比如憨厚朴

实的阿助兄弟，有文化、有正义感、仗义执言的成仔，美丽善良而又命运坎坷的富美子，泼辣、坚强而又善良、深情的阿柔，自以为身为"日本人"却又被台湾人和日本人同时鄙视的红目仔，可恨又可怜的老鸨，在极为艰难、绝望的生存环境中依然坚守做人底线和善良本色的妓女阿英，等等。

给我们留下深刻印象的情节——电影开头时，老长工讲述金蟾山的传说时，一群长工的专注和神往；阿助兄弟逃离主家、阿助挥刀断手时的绝望与果敢；一块五毛钱或几条鱼就能买到阿柔身体的穷人的无奈；阿助与阿柔在"苦水"浸泡中相互扶持的温馨；倚墙唱歌时富美子的清纯美丽，失贞后被迫接客的富美子的痛苦绝望，病入膏肓、以身报答恩人时富美子最后的心满意足……还有那似乎永远在述说一个没有尽头的悲惨而又凄美的故事的漫山遍野的油菜花。

2. 如何看待富美子和红目仔的"日本人情结"？

提示：富美子和红目仔也同是被挤压在社会最底层的受苦受难、受欺凌的小人物。富美子和红目仔的"日本人情结"，代表了一些渴望得到日本人身份认同的台湾人。但在日本人眼里，他们依然只是低人一等的"贱民"。他们的"日本人"情结，可怜而又可悲，是一个时代的缩影，也是当时台湾人民尴尬处境的见证。

3. 阿柔回到老家以后能过上幸福的生活吗？为什么？

提示：阿柔拿着出卖身体换来的钱，带着四个孩子和"三任丈夫"的灵牌，头也不回地离开了矿山这个伤心的地方，要回农村老家，买上几块地开始新的生活。当然，这是电影导演给我们留下的一个美丽的念想，也可以理解为这是导演在满屏幕的悲剧之下给我们留存的一点微茫的希望。然而，阿柔返乡后的命运，却是不一定的。回到农村老家，一样有为虎作伥的警察，有虎视眈眈、随时准备掏空老百姓口袋里最后一块钱的日本殖民者。一个寡妇带着四个孩子，能不能相对幸福地生存下去，其实是个未解之谜。但是，我们依然相信，泼辣、

坚强、永不服输的阿柔，一定会在任何情况下，努力带着孩子们坚强地活下去的。

4. 如何理解《无言的山丘》中人物的"异化"？

提示：王童电影中有很多"异化"的人，他们处于社会动荡时期，饱受殖民者的剥削和压迫，慢慢地他们的人性在这样的时代环境中异化了、扭曲了。《无言的山丘》中，红目仔一开始是一个善良的对生活充满希望的人，后来他在日本人的步步逼迫下成了杀人凶手；这些"异化"的人是这个时代的产物，更是这个时代的悲剧。

5. 如何看待《无言的山丘》中的"悲剧意识"？

提示：《无言的山丘》中，"悲剧意识"主要是通过对人物的"死亡"加以叙述和描写来实现的。先是阿助兄弟，刚到九份就看见被炸死的矿工，接着阿英因为日本人抢走了她全部的积蓄而上吊身亡，再后来成仔因反抗日本人的侮辱而被枪打死，红目仔因杀了矿长而被枪毙，最后富美子也因染上疾病而死亡。这些人的死有的直接源于日本侵略者的残酷剥削和压迫，有的源于他们对日本侵略者所做的反抗和斗争。不仅如此，导演还通过调用各种手段渲染影片中的悲剧感，如影片开头，两兄弟登上金蟾山时，响起了悲凉的唢呐声和梵音，然后金色的阳光洒在他们背上，瞬间让人感觉到一种凄凉的难以逃脱的悲剧感；而影片的结尾，像生命的轮回一样记录着人间的悲欢。风吹动大片大片的油菜花，两个命运同样可怜的人互相依偎，互相取暖，希望能给彼此最后的光亮。

拓展延伸

1. 讨论交流：有人认为，《无言的山丘》整体风格过于沉重、压抑，带给人太多的绝望。你赞同这种观点吗？为什么？

提示：《无言的山丘》反映的是日据时期台湾九份矿区发生的一幕幕往事。当时的九份，确实由于发现金矿而带来了繁荣，除了矿主、矿工外，妓女、小商贩、投机客等也纷纷来这里淘金。有人得到了好机会，赚得盆满钵满；而更多的小人物，虽然也来到矿山，却最终两手空空，依旧在贫困线上挣扎，甚至付出了生命的代价。所以导演策划的故事，是有现实依据的；而且，王童导演本着一贯的儒家情怀，拍出这样一部视点聚焦于底层人民，表现人民深受苦难的现实处境以及他们身上表现出来的在困境中相互扶助的高尚情怀，其实并不奇怪。当然，我们也可以从其他的角度进行解读。

2. 演一演：组建一个"班级小剧团"，演一演"成仔反抗日本人的暴行被枪杀"的片段。

提示：要认真反复欣赏电影《无言的山丘》中的相关片段，深入理解体会成仔的勇敢、血性，以及虽在生活重压之下，也要努力追求"人的尊严"的高尚品质；同时，也要通过日本人和警察的逼真表现，再现那一段备受屈辱与"用生命寻求尊严"的悲壮历程。

3. 写一写：电影的末尾，有一个老人在讲着阿屘的故事。有人说，那就是老年的阿屘。你赞同这种看法吗？请写出你的理由。

提示：这个老人有可能是老年的阿屘。他此后的一生，无时无刻不在对富美子的深切怀念和无法冲淡的忧伤中度过，对着众人讲这个故事，对他而言，也是一种发泄和解脱。

这个老人也可能并不是老年阿屘。真正的阿屘因为富美子的死去，精神上受到极大刺激，变得疯疯癫癫，已经不可能气定神闲地给别人讲自己的故事。而电影末尾的"人生也不过如此"，更像是一个"他者"对别人命运的慨叹，也是电影导演对剧中人物命运的一声深沉叹息。

资源延伸

1. 同类推荐。

王童的"台湾近代三部曲"：《稻草人》《香蕉天堂》与《无言的山丘》。这三部电影都通过对底层小人物命运的关注，揭示台湾当时特有的时代背景，以严肃的现实主义精神，为观者勾勒出了一部杂糅着荒诞、错乱与辛酸的台湾断代史，展现出在历史浮沉中小人物无处可逃的悲惨命运。他所有的电影都呈现出一种强韧的庶民精神。

2. 经典阅读：在线阅读以下两位作家的经典作品。

《送报夫》，作者：杨逵。

《一杆"秤仔"》，作者：赖和。

这两位台湾作家，都用他们深沉而充满批判的笔调，控诉了日据时期日本人在台湾犯下的累累罪行，以及日本殖民统治下台湾人民的深重苦难和不屈反抗。今天读来，依然具有震撼人心的力量。

3. 歌曲欣赏：杨贵媚《安平追想曲》。

离离原上草，一岁一枯荣
电影《塬上》

□ 姜新华（黑龙江省七台河市教育研究院）

导演：乔梁

类型：剧情

制片国家／地区：中国

上映年份：2017 年

德育主题

《塬上》是一部以环境保护为主题的电影。影片通过记者报道家乡水泥厂污染环境以及对国家一级保护动物朱鹮的保护,表现了环境保护对人的意义。人不能只为钱活着,人更应该有尊严地活着。

电影赏读

一、情节回顾

记者康文报道了家乡水泥厂污染环境危害村民健康的问题,水泥厂因此而停产整顿。这本是一名记者应有的职责和职业良心,但却被家乡的多数村民所反对。很多村民本来在水泥厂打工,既不离故土又能赚到钱。水泥厂一停,很多人只能远走他乡,寻找新的赚钱之路。因为水泥厂的停工,环境随之改善,村民吴栓牢竟然在山路上捡到一只多年不见的受伤的朱鹮。由于野生动物保护政策的深入宣传,吴栓牢知道朱鹮属于国家保护动物,就小心地养着。这事被康文所在的报社知道了,就派康文前往考察并报道此事。水泥厂的停工,

受影响最大的是厂长任万鹏，为了达到环保要求，他不得不投入大量资金购买环保设备。当他得知康文这个老冤家又来报道朱鹮的事情，就安排吴栓牢把朱鹮藏起来，并编造谎言说朱鹮飞走了。任万鹏担心再报道朱鹮的回归，可能导致本地区建立国家生物保护区，这样水泥厂就彻底办不成了。参与这件事的还有康文的老同学尚青——康文的初恋，因在水泥厂工作得了肺病并转化成癌症，她希望水泥厂开工，这样就可以报销看病费用并获得赔偿，也可以给在水泥厂打工摔瘸腿的儿子留下一笔钱。尚青召集同学们在一起吃面，请求康文不要报道朱鹮的事情。康文妥协了，当着大家的面打电话给报社领导，说原来的消息有误，村民捡到的不是朱鹮而只是普通的白鹭，这件事就此结束。

二、主题解读

人们一提到环境保护，都知道好的环境能保护人的健康，要避免受环境污染的伤害，但一般意识不到在污染的环境中工作是对人的尊严的漠视。《塬上》反映的就是这样的主题，通过一系列人物的出场，深刻地反映了环境保护的不容易，也表现了人们对自我生存状况的麻木。

记者康文

康文是北京某报社很普通的一名小记者，经常被领导呼来喝去的。生活也是一团糟，妻子已经提出协议离婚，带着孩子搬出了家。

康文这次出差要去的地方是自己的家乡，据传当地发现濒危鸟类——朱鹮，报社派康文前去调查采访，抓住热点撰写报道文章。康文之前报道过当地水泥厂污染环境影响村民健康的事情，水泥厂因

此被关停整改。这事惹得很多人不高兴,因为很多乡亲都在水泥厂上班,水泥厂的停产整顿一时切断了很多人挣钱的门路。考虑到这一点,康文就不想去,但领导很强势,康文也只能服从。

村民吴栓牢

吴栓牢是康文的同学,他在回家途中的山路上发现一只受伤的朱鹮,他知道这是受国家保护的珍奇鸟类,就带回家精心饲养。这消息就传开了,吴栓牢很高兴康文回来。如果康文写文章报道朱鹮,吴栓牢就可能因为保护朱鹮而得到奖励,他和妻子开的面皮摊儿(他对外说是饭店)也可以得到宣传,生意会因此红火些。

康文还没到,吴栓牢已经去康文要落脚的婶子家好几次了。康文一到村子,最先找的也是吴栓牢,他要先看看朱鹮。两人见面后,吴栓牢说原老师刚去世,

老辈人说朱鹮有灵性，就拿到灵堂敬拜了。康文听说恩师过世，就去吊丧。碰见同学任万鹏、雯雯和尚青。

同学雯雯

雯雯是一位非常活跃的女同学，热情地给康文介绍情况。她离了婚，在任万鹏的水泥厂上班，做销售主任。私下与任万鹏相好，多次被任万鹏的妻子追打。但她不在乎这些，她生性自由，不受拘束。

雯雯给康文说起尚青在水泥厂上班，落下肺病，儿子在水泥厂工作时摔伤，瘸了一条腿，尚青的丈夫在外地打工，自己挣钱自己花，一点都帮不上家里，尚青就担起家庭生活的担子。

雯雯跟任万鹏是一条心的，她和任万鹏一起带着康文去水泥厂参观，希望能写写水泥厂的环保改造，让水泥厂再次兴旺起来。

水泥厂厂长任万鹏

任万鹏是原老师最不喜欢的一个学生，学习不好，经常被老师跟学习最好的康文作对比，原老师总骂他笨。

任万鹏后来发了财，在家乡建起了水泥厂，成为显赫的成功人士。他总去看望原老师，不是感激当年的教导之恩，而是去炫耀自己的成功，让当年看不起他的原老师难受。

　　任万鹏最恨的就是康文，恨康文不念同学的友情，报道水泥厂污染环境，差点把水泥厂搞垮。任万鹏觉得自己才是真正为乡亲们谋福利，不用出远门就能挣到钱。

　　任万鹏听说康文此行是要报道朱鹮，就极力阻止。他知道吴栓牢很多亲属都在水泥厂上班，他们希望水泥厂马上恢复生产。吴栓牢多少是有求于任万鹏的，任万鹏就让吴栓牢把朱鹮藏起来，然后骗康文说朱鹮飞走了。任万鹏担心康文如果报道了朱鹮，政府就可能把本地划作自然保护区，水泥厂就得彻底倒闭了，那损失就大了。吴栓牢依计做了。

初恋尚青

　　尚青是康文的初恋，虽然当年没有发展成恋爱关系，但彼此间确实有好感。学习好的康文也只中意尚青，这让很多女生既羡慕又嫉妒。但康文考上大学后，就断了跟尚青的联络，没有像大家期望的那样同她结为连理。同学们就为尚青抱不平，骂康文是陈世美。

　　康文也很内疚，看到尚青咳嗽不止（在水泥厂工作落下的病），看到尚青的儿子瘸了一条腿（在水泥厂工作摔的），就很想补偿她。尚青的儿子想让康文在北京给自己找份工作，康文记在心上，他看尚青的儿子很喜欢拍摄，

就说可以资助他上学。

尚青很善良很现实,她不记恨康文,人往高处走没有错。

她反对康文帮儿子在北京找工作,因为儿子腿瘸干不了什么,还会招来欺辱。在水泥厂污染问题上,尚青看得很现实,虽然水泥厂对人健康不好,自己也是直接的受害者,但是人没有钱也活不好。她也反对康文报道朱鹮的事情,为了进一步打消康文的想法,她让儿子把吴栓牢藏在山里的朱鹮偷偷抱回家,把朱鹮"飞走了"的事情坐实。

但尚青毕竟是很坦诚的,觉得这样做也不好,就把这些同学都邀请到家里吃面。吃完面就求康文不要再报道朱鹮的事情了,一旦建立了保护区,水泥厂就彻底完了,那水泥厂该付给她的赔偿就拿不到了。儿子这时哭着说妈妈检查出了肺癌。尚青说自己无所谓,只愿自己死后能给残疾的儿子留下点钱。

现场的人既难过又震惊,为尚青的肺癌,为尚青的心思。

这时,朱鹮从尚青家的一个屋子里飞出,现场的人都起身一起追赶。跑过很长一段路,来到一条河边,大家跑不动了,依然不见朱鹮。任万鹏就说飞就飞了吧。这时,康文接到报社主编的电话,询问采访进展,康文大声说:"看错了,不是朱鹮,只是普通的白鹭,还飞走了,连张照片都没拍上。我马上回去。"康文为了大家的现实利益,说谎了。

大家屏气听完康文的电话,场面有些尴尬,这时,任万鹏发现远处的水边,朱鹮正在觅食。

环境保护在保护谁

环境保护表面上是保护环境，或者说是保护动植物，不要乱砍滥伐，不要滥捕动物，不要污染环境，要保持良好的生态系统。这样说没有错，这是从整体上说环境保护的意义。但深究起来，保护环境的目的也是在保护人类的尊严。

康文之所以宁可得罪乡亲和同学，也要报道水泥厂污染环境的事情，就是想把尊严还给人们。人不能因为钱就糟蹋自己的身体，不能把自己看成一条贱命。表面上，任万鹏让大家都得到了实惠，却伤害了人的健康，尚青是直接的受害者，是被污染致病的代表。

可悲的是，康文最后放弃了报道，他屈服于现实的人情，满足了人们当下的生存需要。悲剧的意义就在于"把美好的事情毁灭了给人看"（鲁迅），唤回本该属于人的尊严，唤醒为了当下的利益而饮鸩止渴者。这也许才是人的觉醒与崛起，环境也一定会因此而变得清洁、美丽。

电影对对碰

一、观影准备

1. 小知识：查找关于朱鹮的知识。
2. 小知识：尘肺病。

二、电影沙龙

1. 记者康文报道水泥厂污染，直接的影响是什么？

提示：康文回乡看到水泥厂污染环境，就通过报纸曝光了水泥厂对环境的

破坏和对工人健康的损害，这直接导致水泥厂停产整顿，需要上环保设备，验收合格后才能继续开工。

这本是很有意义的事情，但康文因此招致家乡很多人的不满。首先是水泥厂厂长任万鹏非常恼怒，工厂面临倒闭，损失惨重。其次是一些在水泥厂打工的村民，虽然粉尘等污染给身体带来伤害，但毕竟还有钱赚，不然得背井离乡到外地打工。村民们看不到长远的利益，只看到当下的利益。

2. 任万鹏开办水泥厂，虽然污染环境，但也给当地百姓带来经济效益，很多人都感谢他，我们该怎么看待村民们的态度？

提示：任万鹏的水泥厂确实给在工厂打工的村民们带来一些收入，很多人因此很感谢任万鹏。虽然身体受到污染的伤害，但他们不以为意。康文的高中女同学尚青因在水泥厂干活而得了尘肺病，平时都咳嗽不止，后来转成了肺癌。康文对此很生气："我们的命怎么这么贱呢？"只要能挣到钱，可以置健康于不顾。尚青为了能得到水泥厂的医疗补助以给自己在水泥厂工作摔折腿的儿子留下一些钱财，坚决反对康文报道朱鹮的事情，这样本地区就不能因此而划为自然保护区，水泥厂就可能复工，工厂运转后就能报销尚青的医疗费。

以尚青为代表的人们，为了战胜贫穷而自甘卑贱，忍辱负重，这才是环境污染得以猖獗的重要原因，即人们不能从思想认知上抵制环境污染，给一些不良企业以可乘之机。村民的环保意识、自我保护意识以及人格尊严还没有真正树立起来，这是康文难过的根本原因。康文最后跟报社领导撒谎说没见到朱鹮，这是悲剧性的一幕，康文也屈服于现实的人情，而没有坚持正义。悲剧的力量就是以美好事物的毁灭来警醒人们。但愿这无奈的结局能给人们更深的思考，能谋划更长远的发展之路。

3. 朱鹮在影片中有何作用？

提示：朱鹮是本片的线索，故事的开端处是一只受伤的朱鹮被村民吴栓牢捡到，带到家精心饲养。康文再次回乡，不是省亲，而是被报社领导派来采访并报道朱鹮，因为朱鹮是国家一级保护的珍禽，保护珍稀动物是新闻宣传的重要内容。朱鹮飞临康文所在的家乡也是环境保护的成果，很可能是整体环境的改善促使朱鹮的种群得以扩大，这才可能在非朱鹮保护区发现朱鹮。原来本地区有朱鹮，但都是老辈人小时候的事情，后来因为人类的活动和环境的污染，这里不再出现朱鹮，现在朱鹮的重现，说明本地的环境得到了改善，这与康文的报道以及水泥厂的停产有直接关系。经过吴栓牢等人的精心养护，朱鹮逐渐康复飞走了，这表现出村民环保意识的增强，虽然还不够彻底，不能从保护人格尊严的角度树立环保意识，但已经能对受伤的动物施以保护了。

拓展延伸

1. 推荐美国电影《第 11 小时》。

人类在发展中不断地丰富着文明样式，也因为这些文明样式让人类的生活越发舒适，但人类的欲望是无止境的。与此同时，人类也破坏着自然环境，如果不关注大自然，人类就很难持续发展下去。

2. 思考朱鹮的保护、污染企业的治理、尘肺病的防治、人格尊严的树立等内容，结合电影《塬上》的情节，选一个视角，表达你的观点，要有理有据。

在困境中突围，在学习中改变
电影《驭风男孩》

□ 姜新华（黑龙江省七台河市教育研究院）

导演：切瓦特·埃加福特

类型：剧情

制片国家／地区：英国

上映年份：2019年

德育主题

《驭风男孩》表现的是在恶劣环境下自我拯救的故事。威廉通过自学物理知识,研制风力发电而带动抽水机器灌溉干旱的土地,为村民战胜饥荒带来希望。影片赞扬了威廉的这种积极的生活态度,也给观众带来希望。

电影赏读

一、情节回顾

非洲国家马拉维,烟草是主要的经济作物,但控制这项生意的是烟草公司。为了节约烘干烟草的成本,公司低价收购农民土地上的林木。村子的酋长告诫大家,邻近的国家莫桑比克在雨季遭遇了大洪水,我们要借助这些树木抵御洪灾。柴维尔和酋长一道反对砍伐树木,并号召大家拒绝与公司签订卖树协议,但是一些农民为了眼前的利益,把自己土地上的树木卖给公司。柴维尔家很穷,女儿考上大学但拿不起学费而不能上大学,儿子威廉也因为交不起学费被学校勒令退学。整个国家处在昏庸政府的统治之下,酋长因为发表了为百姓争取权益的讲话而被总统的手下打成重伤,最后因伤致死。柴维尔前往市里声援反政府抗议者,但家却被饥饿的流民抢劫一空。

威廉在这样的环境下没有萎靡不振。他平时爱好钻研物理知识,借着学校图书馆的专业书籍,琢磨出风车发电的原理,先是试制出一个小的风车发

电机，然后央求父亲把自行车交给他做大型风车中发电机的装置。经过种种磨难，终于竖立起一座风车，并抽水成功。这就意味着，可以通过这架风车发电机而抽水灌溉干旱的土地，可以因此种植粮食和蔬菜度过饥荒。威廉也因此获得了教授的资助与推荐，并获得了大学的奖学金，开始了求学生涯。

二、主题解读：知识改变命运

故事的主人公是一名叫威廉的中学生，生活在非洲东南部贫穷落后的内陆国家马拉维。该国是一个农业国，气候干旱，有些年份会因为粮食歉收或者绝产而出现饥荒。正是在这样的背景下，出现了驭风少年威廉。

酋长的告诫

在马拉维一个普通的村庄里，粮食作物主要是玉米，由于沙化严重，土地贫瘠，产量不高。人们靠庄稼糊口都难，更别说能靠粮食卖到钱了。有些村民也种植烟草，但被烟草公司垄断，烤烟种植者收入微薄。

这一年，降雨不足，庄稼歉收。烟草公司又来村子里收购树木，砍伐后做烘烤烟草的燃料。如果是有计划地采伐，保持与生长量的平衡也没啥问题，良好的森林覆盖能保护本地的生态，但由于烟草公司需要树木的数量很大，

按照林地面积与村民结账。这是一种"绝伐"的方式,即土地上所有的树木,无论大小一律砍伐。

有见识的酋长在村民集会上警告大家:烟草公司抓住我们的困境,极力地压榨我们。我们不能跟他们签订合同,不能破坏我们赖以生存的环境,邻国已经发生洪水灾害,我们不能重演这样的悲剧。但是一些村民迫于生活的压力,他们需要钱,为了当下的需要,不顾酋长的劝阻,与烟草公司签订了树木砍伐合同。他们认为这是自己的事情,自己有权利做出这样的决定。

酋长没有放弃为百姓发声,他抓住总统来村子视察的机会,宣讲了自己的愿望,希望政府能为灾民提供必要的救助。但昏庸的总统示意手下强行拽走演讲中的酋长,手下则指挥士兵在后院暴打酋长。虽然总统一行被愤怒的群众驱赶逃走,但酋长因伤病在床,不久竟含恨离世。

柴维尔的挣扎

柴维尔是村民中较有远见的,他坚决不与烟草公司签订买卖林地的合同。他平时有听收音机的习惯,这是他保持与外界联系的方式,他知道邻国已经发生了水灾,不希望自己的家乡也遭遇洪水。他与酋长一道劝诫大家,但收效甚微,他也只能无奈地叹息。

柴维尔的妻子原本生活在富裕的家庭,为了爱情"下嫁"给柴维尔。夫妻俩坚持让自己的孩子读书,女儿念完中学申请了大学,儿子也进入中学学习。只是家里太贫困了，拿不出钱继续供女儿上大学，儿子威廉也因为交不起学费而被迫退学。

即使这样，柴维尔也没有放弃自己的正义，不但坚持不把树木卖给烟草公司，还积极地支持对腐败政府的抗议。

他与一伙志同道合者前往城里，准备加入抗议政府的队伍。途中，柴维尔看到沿路有大批灾民，甚至看见有人在抢劫他人的财物。他忽然意识到自己的家也可能面临着被抢劫的危险，于是呼吁调转车头，回家保护家里的财产。

柴维尔还是晚回来一步，家里的粮食被抢劫一空，很多衣物用具也被抢走了，妻子和女儿一脸绝望地望着他。

困境中的威廉

威廉是一个喜欢思考的孩子，脑子很灵活，他能照着父亲的收音机而修理别人坏掉的收音机，并借此挣点小钱。

虽然生活拮据，但父母还是挤出钱给他买了校服，送他到学校读书。威廉最感兴趣的科目就是科学，平时也常到烟草公司倾倒的垃圾堆中寻找一些电子元件，组装一些东西。

威廉对科学老师自行车上的小型发电机很感兴趣，他梦想着自己也能有一台这样的发电机。他不满足于课堂上所学的内容，开始利用图书馆查找资料。让他感到如获至宝的是一本叫作《能源利用》的书，他学懂了风力发电等相关原理。这时村子里正遭受干旱，自己家的粮食财物还被饥民抢劫一空，一家人只能一天吃一顿饭度日。要解决当下问题的关键是获得水，这就需要一个大型的风车发电机，从而能把深层的地下水抽上来灌溉农田。

威廉首先制作了一个小型的风车发电装置，拿给爸爸看，目的是要把爸爸的自行车改装成风车发电机的部件。自行车对于一个贫困家庭来说，是重要的交通和运载工具，既是"客车"又是"货车"，可以省很多钱，因此自行车是家里的重要财产。柴维尔在地里辛苦地劳作着，儿子威廉提出要拆毁他的自行车，一时大怒，这不是"玩物丧志"吗？这不是败家子吗？喝令威廉不要痴心妄想。

威廉没有放弃，先是让参与研制风车的同伴们集体找柴维尔求情，希望柴维尔能同意。但柴维尔很坚决，大家只好作罢。威廉没有放弃，他还央求自己的姐姐帮忙。姐姐和科学老师私下里

交好，科学老师之前想让威廉的姐姐跟他私奔，但姐姐为了不让家庭蒙羞断然拒绝了。后来家里遭遇饥饿，弟弟又请她帮忙，为了家庭能减少粮食消耗，为了弟弟的需要，就咬牙跟着科学老师"私奔"了，离开之前，把科学老师的发电机留给了威廉。

柴维尔看见儿子威廉的执着，就同意把自行车交给威廉。威廉经过辛苦改造，成功地把水从地下抽了出来，当看见清澈的水流向干旱的土地时，在场的人们欢呼起来。水就是希望，水就是粮食，人们久久不能平静。

知识就是力量

电影是根据真实的故事改编的，主人公威廉靠知识拯救自己村庄的事迹感动了很多人，有位教授开始资助他，并推荐他上了大学，从此他走上了学者之路。

这部影片首先给人们提出警示：滥伐树木所造成的环境破坏，会让人们的生活走进恶性循环。同时，威廉的故事让我们看到了在困境中坚持的力量。威廉没有因为贫困就放弃学习和希望。威廉研制风车发电机的成功，有力地证明了知识的力量，知识给困顿中的人们带来生机。我们有理由相信科学，相信未来。

电影对对碰

一、观影准备

小知识：东非国家马拉维。

影片表现的故事发生在马拉维。马拉维是非洲东南部的一个内陆国家，属热带草原气候，年平均气温在25℃左右，分干湿两季，旱季4月至10月，几乎滴雨不下。马拉维是世界上最不发达的农业国之一，依赖国际援助。曾因政治腐败，西方国家一度终止对其的经济援助。粮食作物主要有玉米、高粱、木薯等，经济作物主要有烟草、咖啡、甘蔗等，烟草出口是国家主要的外汇来源。马拉维国内几乎没有工业，基础设施落后，经常停水停电。

二、电影沙龙

1. 影片中的酋长和柴维尔积极地呼吁村民们要保护自己的林地，不能轻易地跟烟草公司签订林地砍伐合同，但最后都失败了，为什么会这样？

   提示：这首先要了解马拉维这个国家乃至很多地处干旱半干旱非洲地区人们的生活状况，这些国家一般比较贫困，支柱产业就是农业，缺乏强大的工业支持，因为干旱少雨导致庄稼歉收而闹饥荒。很多人需要钱，衣食住行都需要钱，孩子读书甚至买种子、买化肥都需要钱，这就使得很多人忽视长远的利益，只能跟烟草公司签订砍伐林地的合同，换取生活所需要的金钱，这几乎是他们唯一的收入来源。再加上该国政府的昏庸统治，不以百姓的生计为重，加重了贫穷百姓的困难。

2. 威廉为什么想到制造一架风力水车？他获得成功的因素有哪些？

提示：干旱无雨，寸草不生，要想让土地长出粮食以解决饥荒，就得有水。当地没有河流，只能从地下取水，灌溉土地单靠人力是不行的，必须有机器抽水才能满足庄稼生长的需要。正是在这样的背景下，威廉想到了制造风力水车。

威廉能成功地制造出，主要得益于以下几个因素：首先，是威廉的善于学习和很强的动手能力。父亲柴维尔交不起儿子的学费，儿子被学校勒令退学，威廉就想方设法地去偷着听课，主要是去听喜欢的科学课。教科学的老师，就是喜欢威廉姐姐的那位老师。在这位老师的帮助下，他还得以到图书馆查找资料，一本《能源利用》帮了他的大忙。其次，是威廉有一帮共同钻研的小伙伴。他们在一起研究，合力制造风车发电机的相关组件，还一起向威廉的父亲求情，即请求柴维尔的同意，毁掉自行车截取其中的传动装置。虽然开始没成功，但起到了触动柴维尔的作用。最后，是家人的支持。虽然威廉的父亲一度反对他的这个想法，主要是不相信儿子能制造出风车。后来看到儿子很执着，也深入了解了儿子的设计和已经做成的东西，最终同意贡献出自己的自行车以支持儿子。

3. 威廉的成功给我们以怎样的启示？

提示：面对一件事，不同的人感受不一样，因为各自的处境不同。汇集一下不同人的感受，可以大致归纳如下：一是克服困难的执着。生活在赤贫家庭

的威廉，吃饭都是问题，而研究制作风车发电机是需要花钱的，这其中的困难是巨大的。但威廉没有被现实的困难吓退。他首先解决的是知识的问题，想尽办法去学校听课，去图书馆查资料。其次是到一些垃圾站寻找能利用的旧材料，废物利用降低成本。再次是发挥小伙伴的力量，一起攻坚克难。最后是他善于寻找帮助者，他需要父亲的支持，苦苦哀求并向父亲展示风力发电的奇妙，最终赢得父亲的支持，把自行车交给了他。二是靠知识改变困难。人生总免不了遇到各种困难阻碍自己的成长，虽然我们可能不会遭遇像威廉那样的困难，但总会遇到这样那样的问题而一筹莫展。有的人放弃了，认命了，有的人则选择了不恰当的方式，甚至做出违法的事情。威廉的故事给我们的启示是，知识才是战胜困难、改变命运的最根本的武器。知识是前人总结的宝贵财富，我们要善于学习，并把它运用到实际的困难解决中。所以，知识在一个人的成长中意义重大，这是走向文明、进行创造的基础。

拓展延伸

1. 推荐电影《逆光飞翔》。

电影已在本书前面具体讲解过。喜欢弹钢琴的盲眼少年，热爱跳舞的坎坷少女，两个人没有一般人那么幸运，但盲眼少年的温暖感化了少女的绝望，两个人在相互的鼓励中，重新树立起对未来的希望。这部电影是根据真人真事改编的，现实而感人。

2. 影片中威廉的故事是根据真人真事改编的，威廉是在困境中成长起来的，虽然很多人不如他生活得那样艰辛，但也会遇到一些困难。结合威廉在困境中的努力，写一篇文章，结合自己的经历，谈谈如何在困难中超越。

第四板块 价值体认与理想信念

01 诚实守信

02 相信未来

03 社会责任

04 坚韧向上

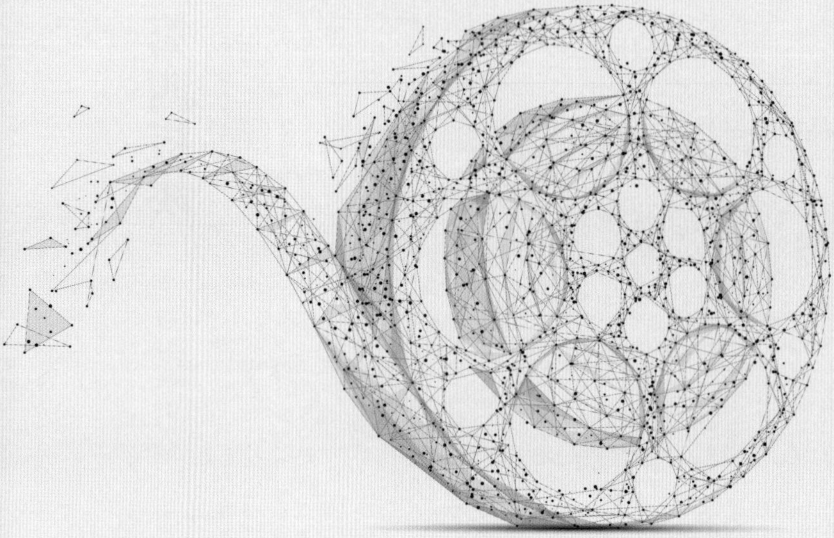

诚实守信，传统美德
电影《信·守》

□ 姜新华（黑龙江省七台河市教育研究院）

导演：寇淼

类型：剧情

制片国家／地区：中国

上映年份：2018 年

德育主题

这部电影反映的是一个守信的故事。17岁的计宗英嫁到夫家，答应公公临终前让她照顾眼盲小叔子的托付。经历丧夫、丧子之痛，她依然信守承诺，照顾小叔子走完了75岁的人生，表现了计宗英的大义，让人们感受到亲情的力量和践诺守信的可贵品质。

电影赏读

一、情节回顾

陕西彬州市白保村，孙家新娶了媳妇，新媳妇过门不久，孙老汉就病了，临终前含泪托付儿媳计宗英，希望她好好照顾未成年的盲人小叔子。计宗英答应了，从此就成了小叔子孙豆豆的嫂娘。

孙家很贫穷，生活很艰苦。计宗英不忘承诺，全心全意地照顾着小叔子。家里有把大椅子，只能孙豆豆坐，计宗英的孩子们觉得不公平，计宗英就耐心地说服教育，讲盲人的不容易，渐渐地孩子们都很尊敬叔叔。

有位老师送给孙豆豆一部收音机，有一次因为听收音机而丢失了羊，孙豆豆在找羊的过程中不慎摔断了腿。孙豆豆很惭愧，本来就是哥嫂的拖累，现在又弄丢了羊，就故意藏起来，想一死了之。哥嫂在大雨中找到孙豆豆，把他背回家。医院的大夫说要截肢，豆豆不想失去一条腿就坚持回家养。孙豆豆摸着伤腿，忍痛给自己接骨，竟慢慢地康复了。从此孙豆豆就开始替人接骨，赢得了村里人的信任。

从进孙家开始，计宗英照顾盲弟65年，直到孙豆豆去世，此时计宗英老人已经83岁了。在孙豆豆的葬礼上，乡亲们为计宗英老人披红，感谢她几十年来含辛茹苦照料盲人小叔子，让小叔子体面而有尊严地走完了一生。

二、主题解读：一句承诺担一生

说到婆媳关系、兄弟关系，很容易听到一些婆媳不睦、兄弟反目的事情，或者因为尊严，或者关乎财产。也正因为如此，大家庭中和谐共处的故事就很容易打动人，谁也不喜欢纷争，可是现实中人们就是容易起纷争。《信·守》这部电影讲述的就是信守承诺、一家人友好相处的故事。

嫁入孙家

故事发生在陕西彬州的农村。故事的主人公计宗英1948年嫁入孙

家时才17岁,丈夫是憨厚的农民,叫孙秉德。小叔子孙豆豆只有10岁,小时候因病致盲,需要人照顾。这个家很穷,饭都吃不饱。按照习俗,新娘子入洞房要吃一碗面条,还没等下嘴,就听见小叔子因为饿而发出的哭声,计宗英就把面条喂给眼盲的小叔子。

后来公公不幸染病,很快就去世了。公公知道儿媳计宗英是个善良的人,临终前嘱托她照顾好未成年的豆豆。计宗英含泪答应,她认为照顾眼盲的叔弟是理所应当的事情。

教育孩子

计宗英的孩子也渐渐长大,十几岁的孩子开始有自己的想法,对眼盲的叔叔发起挑战。凭什么他什么都不干,还吃好的?凭什么他坐的大椅子别人都不能坐?计宗英动手打了满心不服气的大儿子,大儿子赌气跑出家门,计宗英也心疼儿子,就买了罐头哄儿子,但吃之前要闭上眼睛找罐头,感受一下盲人的生活。大儿子半天摸不到罐头,一下子明白了叔叔的不容易,回家就认真地给叔叔道歉。

小儿子很懂事,把这一切都看在眼里,他很尊敬叔叔。有一次偷摘了生产队的西瓜,说是叔叔想吃西瓜。队长也没过多地责备孩子,他看到了小孩子心里的善良。

孙豆豆很爱这两个侄子,经常讲故事给他们听,通过这些故事,教给孩子们做人的道理。

丈夫去世

计宗英的丈夫孙秉德宽和善良，为人很好，对弟弟豆豆的照顾也是有口皆碑。孙秉德经常帮助别人，有位老师为了感谢孙秉德的救命之恩，就送给他一台收音机，说是给豆豆的，盲人看不见，收音机可以听到外面的世界所发生的事情。豆豆很喜欢这台收音机，它极大丰富了他的精神生活。

收音机成了孙豆豆须臾离不开的宝贝。嫂子让他看着羊，他沉浸在收音机中，没注意羊挣脱缰绳走开了，当他意识到时，羊已经跑远了。他摸索着到处寻找，毫无结果，适逢天下大雨，他故意躲到山沟里，希望自己在雨水中死去，他感觉自己就是废物，只能拖累哥哥一家。哥哥嫂子还有侄子们到处找他，他故意不出声，只想一死。哥嫂最终还是找到了他，他的腿摔坏了，哥哥把他背回家。

医生说孙豆豆的腿得截肢，孙豆豆坚决不同意，那样不更是一个废人了吗？他坚持不住院，要回家调养，他相信中医，说自己尝试接骨。计宗英跑到庙里求神拜佛，希望神灵能保佑孙豆豆好起来。盲人的感觉比常人灵敏，孙豆豆竟然给自己接骨成功，腿伤很快就恢复了，又可以独立行走了。孙豆豆因为给自己接骨有了经验，就尝试给村民们接骨，得到越来越多人的认可和赞许。

也许是积劳成疾，孙秉德患病去世。一家人的生活重担都压在计宗英一个人身上。

坚持不改嫁

原来有丈夫一起分担，日子苦一些但也有个照应，丈夫的去世给计宗英带来很大的压力，农村生活是需要劳力的，一个女人家怎么耕种田地？本来大儿子已经长大成人，可悲惨的是，在县剧团学习时劝架，被其中一方持刀捅死。这又给计宗英带来巨大的悲痛。她一方面要照顾眼盲的小叔子，一方面还要照顾未成年的小儿子。

娘家的哥哥就来劝她改嫁，甚至都找好了对象。计宗英坚决反对，她认为不能抛开眼盲的小叔子，孙豆豆一个人没法生活，她答应过公公和丈夫，要好好照顾孙豆豆，说过的话就要算数，抛开不管良心上过不去。

计宗英坚持不改嫁，独立照顾小叔子。人多嘴杂，有些人就喜欢搬弄是非，计宗英独立照顾小叔子的事给一些村民带来谈资，他们认为两人之间有不伦关系。计宗英生气归生气，身正不怕影子斜，一点也没耽误对孙豆豆的照顾，一切如常。

养老送终

孙豆豆的生活一直需要人照顾，年老的时候又患上了肺癌。小侄子给他治病，他意识到自己的病很严重，为了减少家里的负担，就以绝食的方式让侄子把自己送回家。本来侄子已经把他接到城里生活了，他可能意识到自己的大限要到了，不想再拖累小侄子，就决定回老家，有点叶落归根的味道。由于是癌症晚期，加上年纪偏大，做手术的风险很大，医生建议保守治疗，且要尽量满足老人的愿望。侄子和嫂子拗不过孙豆豆，就把他送回老家。

孙豆豆回到老家很安心，去世前也很幸福，他感谢嫂子对自己的不离不弃，他以嫂娘称呼，他说自己比包拯命好，包拯的嫂子只养育他12年，而自己一辈子都是嫂子照顾的。孙豆豆老人于2018年安详地离开了人世，享年75岁。

中国好人

在孙豆豆的葬礼上，很多乡亲们都主动来祭奠。人们很清楚，孙豆豆一生都是计宗英照顾的，为了表达对计宗英的敬佩，乡亲们为计宗英披红彩缎。人们从计宗英的事迹中受到震撼，也受到鼓舞。现实生活中，那么多不和谐的事件，很少能像计宗英这样把眼盲的小叔子从小养到老，最后还给他送终。

偶尔做几件好事，或者坚持做一段时间的好事，都不难，难的是几十年如一日地照顾一个盲人。尤其是在丈夫去世后，计宗英独自照顾孙豆豆26年。孙豆豆去世时，计宗英已经是耄耋老人。

2016年，计宗英的事迹被报道出来，入选"中国好人榜"。

电影对对碰

一、观影准备

小知识：长嫂如母的典故。

故事出自古典小说《三侠五义》。包员外一日做梦，梦见一个青面獠牙、红发巨口的怪物从天而降，跳跃着奔他而来。包员外一时惊醒，正恐惧中，丫鬟来禀报说夫人产下一子。包员外心中不悦，心里有所忌惮。包员外的二子包海夫妇私心很重，不想家里多一个分财产的，于是就到父亲那里说这个新诞生的小弟弟会给家庭招致灾祸。员外之前把梦告诉了包海，也正担心，就让包海把小儿子扔掉，对包夫人谎说夭折了。包海来到野外，见一老虎，扔下弟弟就跑了。员外的大儿子包山是个善良的人，得知弟弟被扔掉后，就去找弟弟，好在弟弟并没有被老虎吃掉，就抱回了家。包山家里有一个刚满月的儿子，为了避免别人猜疑，就把儿子请人代养，把三弟当儿子养。这家的三儿子就是包拯。包拯长到7岁时，老夫人过寿，包山带着小包拯来拜寿。老夫人触景生情，想起自己夭亡的小儿子。包山的妻子王氏见无外人，就把真相告诉了老夫人,老夫人喜出望外。从此以后,包拯才把一直叫着的爹娘改口为兄嫂。包拯一直对兄嫂十分敬重、依恋,遂有"长嫂如母"之说。

长嫂如母后来的意思渐渐改变,即家里的老夫人去世,做长嫂的就会像家里的老母亲一样照顾弟弟妹妹。现实中,并不是所有的长嫂都能如此有责任心和心地善良。传说中"牛郎织女"故事中的牛郎,就是被嫂子赶出家门的,长嫂能担起"母亲"责任的,一定是道德高尚者。

二、电影沙龙

1. 计宗英的小叔子孙豆豆去世后,乡亲们为计宗英披红以盛赞其品德,计宗英的可贵品德主要体现在哪里?

提示:不同人的视角可能会不一样,可以尝试从以下几个角度分析。首先,真诚地应诺。临终前的公公,泪流满面地嘱托计宗英照顾还未成年的豆豆,计宗英认真地答应下来。她嫁入孙家以来,一直就对这个眼睛看不见的弟弟呵护有加。其次,勇挑重担。丈夫在世时,两个人勠力同心一起照顾豆豆,负担会小一些。丈夫去世后,计宗英毅然担起家庭的重担,娘家哥哥心疼妹妹就过来劝她改嫁,她担心孙豆豆没人照顾,而且以前答应过公公和丈夫,要好好照顾豆豆,计宗英坚决地拒绝了哥哥的好意。最后,照顾盲人时间漫长,付出多。照顾一个盲人不是一天两天、一年几年,而是直到孙豆豆75岁去世。"做一件或几件好事不难,难的是一辈子都做好事。"其实孙豆豆可以成为五保户,由政府照顾,但计宗英没有把孙豆豆送出去,而是把他当成自己的亲弟弟那样照顾。

2. 孙豆豆的侄子曾反对叔叔拥有的特权,是不是不孝敬老人的表现?电影安排这一情节是想表现什么?

提示:作为小孩子,尤其是接近青春期的孩子,这样的想法也情有可原。

在农村，生活本来很艰苦，每个人都要劳动，尤其是在几十年前。对儿子挑战叔叔的特权，计宗英的处理可圈可点，她首先打了大儿子，儿子赌气跑了。妈妈毕竟是爱儿子的，计宗英就买了平时难得吃到的罐头去找儿子，这时大儿子也想通了，认识到自己的错误。计宗英把罐头放到儿子的远处，让儿子闭眼睛找罐头，体验一下盲人的艰难，这进一步消除了大儿子的抱怨。这件事之后，叔侄的关系越发好起来。

3. 计宗英的经历给我们的启示是什么？

提示：不同经历的人，从中所受到的启发也是不一样的。计宗英的经历给人最大的启示就是做人要保持善良，不能遇到困难而放弃善良。计宗英是个善良的人，嫁到孙家就对孙豆豆很关心，即使在后来丈夫去世后也没放弃照顾豆豆，正是这份善良被推举为"中国好人"。

与生活的困难相伴的，还有舆论上的非难。丈夫去世后，嫂子照顾小叔子容易被人说闲话，计宗英顶住了这个压力，身正不怕影子斜，不会因为爱惜自己的名誉就放弃对孙豆豆的照顾。这一点也很难得。

拓展延伸

请根据《信·守》的情节和相关资料，写一篇文章，表达你对计宗英事迹的感受。

简单纯粹，跑赢人生
电影《阿甘正传》

□ 姜新华（黑龙江省七台河市教育研究院）

导演：罗伯特·泽米吉斯

类型：剧情

制片国家／地区：美国

上映年份：1994 年

德育主题

《阿甘正传》是关于希望的故事，影片通过弱智的阿甘成功的人生故事，表现了勤奋、善良、相信未来的力量，启示人们不要被不理想的现实束缚住，而要充满希望地面对未来。

电影赏读

一、情节回顾

阿甘的智商只有75，且脊柱弯曲行走困难。妈妈一直鼓励他，告诉他，他不是傻子，做傻事的人才是傻子。上小学时，认识了好朋友珍妮，淘气的男孩欺负他，珍妮就让他快跑。本来阿甘的腿上还绑有矫正器，在奔跑中矫正器散落，但他跑得飞快且甩掉了恶作剧的男孩们。他经常受欺负，也经常被迫逃跑，他也喜欢跑着到各处去。正是因为出色的奔跑速度，他被大学破格录取，并成为一名橄榄球队员。

大学毕业后应征入伍，在越南战场上因为救人而受到嘉奖，他也因受伤而回国。养伤中他学会了打乒乓球，因为天赋高而代表美国与中国的乒乓球运动员打球。因为乒乓球打得好而成为公众人物，并因此为乒乓球厂商做广告而赚了很多钱。退役后，他履行当初的诺言，到战友家乡买了捕虾船，并邀请丹中尉加盟，侥幸躲过飓风的袭击，成为当地唯一的捕虾船而大赚，逐渐地建立起一个船队。

妈妈罹患癌症，阿甘回到家里。妈妈去世后，他就留在家里成为一名义务剪草工。漂泊的珍妮跟他住了一段时间，但很快就走了。阿甘思念珍妮，开始跑步，跑到最后不想跑了，就回家了。珍妮写信让阿甘去找她，阿甘发现珍妮带着孩子，珍妮说是阿甘的儿子，很聪明。俩人结为夫妻。珍妮因之前感染了病毒，不久不治身亡，阿甘开始独自抚养儿子。

二、主题解读：成功的阿甘

阿甘的人生故事值得很多人细细品味，让人获得巨大的启发。

只会跑步的阿甘

阿甘可以说是一个残疾儿童，智商只有75，脊柱弯曲，不能平稳地走路。到了上学的年龄，没有一所学校愿意接收这个弱智儿童。阿甘的妈妈做出了很大努力才为孩子赢得了上学的资格。与此同时，妈妈坚持给孩子治疗脊柱和腿，医生给他装上了帮助他正常行走的器械，妈妈鼓励说："你穿上它可以走到任何地方。"妈妈不但让儿子感到自己跟别人没什么不一样，而且还比一般人多一些本领。

校车上，孩子们看出阿甘的不一样就很不友好，没

有人给他让座。这时，一个叫珍妮的小女孩让坐在她身边，两个人因此也成了好朋友。珍妮的爸爸是个酒鬼，经常虐待珍妮。珍妮的家离阿甘家不远，就经常过来一起玩。

学校里有个淘气的孩子欺负阿甘，珍妮就让阿甘跑。阿甘很听话，抬腿跑开，他越跑越快以至于腿上的辅助器械都掉了，成功地甩开骑着自行车追赶的淘气小子们。

跑步成全了阿甘

欺负总是存在，阿甘也只能跑。

这时已经是高中生的阿甘依然被同学欺负，他抬腿就跑，以至于跑进橄榄球场。他奔跑的速度震惊了教练，这太适合打橄榄球了！阿甘凭借这一特长进入大学，并顺利毕业。他选择了参军，然后随军队来到越南战场。在一次军事行动中遭遇伏击，长官下令撤退。阿甘跑得最快，当他跑到安全区域时，发现好朋友布巴没有跑出来，就返身去救他，可是沿途总遇到受伤的战友，他就一一背出来。中尉丹也中弹了，正在请求支援，阿甘背起他就跑，中尉大喊着停下，阿甘根本不听，一直把他背到安全区域。然后又返身去救朋友布巴，中尉说援兵来了，原来那个地方会被炸成平地，不能再去了，阿甘根本不听，迅速地跑进了战场。终于找到受伤的布巴，背出来时自己的臀部中弹，但还是跑出了轰炸区。

阿甘救出了很多战友，因此得到了战争勋章，还被总统接见。

乒乓球富裕了阿甘

阿甘在医院养伤期间学会了

打乒乓球，他很有天赋，一下子成为医院的焦点。

阿甘凭借这项本领，代表美国到中国打球，成为家喻户晓的运动明星。在美国社会，明星就能换来财富。阿甘通过做乒乓器材的广告成为富翁。

阿甘没有忘记自己的诺言，他要去布巴的家乡买一条捕虾船。开始很不顺利，基本上捕不到虾。当丹中尉得知阿甘真的做了船长，就来给他当大副。两人合作，侥幸地躲过一次飓风的袭击，而那些根据预报停在港湾的船反而都被暴风雨损毁了，两个人因祸得福，成为这个港湾唯一有幸存船只的人。船少了，每次捕捞都是大丰收，他俩几乎是一夜暴富，陆续购买了一些新的船只，逐渐建立起一支船队。

跑步再次使阿甘成为焦点

阿甘接到妈妈患病的信，迅速地赶回家。妈妈得了癌症，很快就去世了。

阿甘留在家乡，做了一名义务剪草工，他不在意挣钱，因为妈妈说太多的钱只是用来炫耀，于是他还拿出钱来修建教堂和医院。

这期间阿甘所爱的珍妮回来跟他住了几天，他想跟珍妮结婚，但是珍妮更向往自由，在一个清晨悄悄地走了。

阿甘很难过，就开始跑步。跑出镇子，跑出县城，跑遍全州，跑到大海边。阿甘的壮举成为新闻热点，身边也聚集了一些跟随者，都以为他想借此为环境保护或者无家可归者呼吁等，但阿甘就是想跑步，不为什么。

后来阿甘跑累了，就停下脚步回家了。

在家里收到珍妮的信，希望他去找她。阿甘找到珍妮，这时珍妮身边有了一个小男孩，珍妮说是阿甘的儿子。阿甘很担心孩子的智商，珍妮说小孩很聪明。

其实这时的珍妮染上了致命的病毒，为了孩子，她需要阿甘的帮助。阿甘娶了珍妮，幸福地生活了一段时间。珍妮去世后，阿甘开始独自抚养儿子。

命运是偶然还是必然

阿甘的妈妈认为："生活就像一盒巧克力，你永远不知道会得到什么。"妈妈这样说，是给阿甘以信心。

丹中尉认为人的命运是安排好的，他认为自己的命运会跟先祖一样，战死疆场，成就一世英名。他一度很生气阿甘在战场上救了他，认为这是破坏了自己的命运，所以在双腿截肢后陷入破罐子破摔的醉生梦死的生活。他不相信有什么奇迹，当得知阿甘这个傻子竟然买了船做起了船长，就直奔布巴家，表面上是践行诺言（当初说阿甘若做了船长就去给他做大副），其实是想检验一下真伪。开始也真如丹中尉所料想的情节发展，阿甘捕不到虾，一次次空船而归，直到在飓风中留存下来并开始连续大量收获之后，才意识到命运是可以改变的，是可以向好的方向发展的。丹中尉后来感谢了阿甘的救命之恩，正是阿甘和他自己的努力，他的命运完全不一样了。丹中尉开始积极生活，娶了妻子，也成了富翁。

阿甘还信奉妈妈的一句话："做傻事的才是傻子。"阿甘从智商上说确实很傻，但他做的事没有傻事。他靠跑步天赋上了大学，并在战场上成了英雄；他靠打乒乓球的天赋赚了人生第一桶金；他靠自己的善良救助了好朋友布巴一家，并建教堂盖医院；他还靠自己的执着爱着孤苦无依的珍妮。

珍妮当初没选择他是因为她在阿甘那里找不到安全感，虽然后来阿甘成了富翁，珍妮依然离开了他，因为经历过苦难的童年，珍妮不相信自己可以过上幸福的生活。最后珍妮为了儿子而选择与阿甘结婚，她是在走到生命的尽头时，才相信善良是可以依靠的。

阿甘的故事对普通人是否有启发意义呢？

阿甘是一个弱智的人，这其实象征着普罗大众，因为普通人与天才相比总是有很多不足，如果自怨自艾、怨天尤人，只能让自己的生活更糟。前期的珍妮和截肢后的丹中尉就是代表，他们丧失希望，纸醉金迷。虽然不是每一个人都能像阿甘那样成功，但完全可以靠自己的努力过上幸福的生活。

影片开头和结尾都有一根飘荡的羽毛，它象征着希望，让人想起狄金森的一首诗：

"希望"是个有羽毛的东西——
它栖息在灵魂里——
唱没有歌词的歌曲——
永远，不会停息——

在暴风中，听来，最美——
令人痛心的是这样的风暴——
它甚至能窘困那温暖着
多少人的小鸟——

我曾在最陌生的海上——
在最寒冷的陆地，听到——
它却从不向我索取
些微的，面包。

电影对对碰

一、观影准备

几乎每个人都希望自己成为优秀的人，但有些人出生后就有一些无法弥补的缺陷，比如先天性疾病。即使没有先天性缺陷，很多人也会感受到自己没有自己希望的那么优秀。面对这些不足，不同的人会做出不同的反应，有的消极避世、怨天尤人，有的积极乐观、努力生活。审视一下自己，你对自己的评价如何？可以与人交流一下。

二、电影沙龙

1. 阿甘的成功人生主要得益于什么？

提示：这个问题可以从多个角度看。首先是充满希望。阿甘对自己能做的事情总是充满希望，跑步、打乒乓球、购船捕虾等，都坚定不移地去做，正是相信未来，不惧怕可能存在的困难，才一往无前地做下去，阿甘因此获得了全面的成功。其次是善良。他所做的事情都不违背道德，他秉持妈妈所说的话："只有做傻事才是傻子。"他做的所有事情，即使做广告，也不违背道德，即最起码不害人。抢救战友、帮助朋友一家、出钱建教堂盖医院，他还积极保护珍妮，这一切都是符合道德标准的，违反道德的行为他坚决不做。最后是天赋。跑步和打乒乓球都是他的天赋，这个不能忽视，正如"上帝给一个人关上了一扇门，也一定给他打开了一扇窗"。阿甘虽然腰有问题，但医生说他的腿是他见过的最强壮的腿，正是有这样的基础，他才能靠跑步甩开欺负他的人，才能在"逃跑"中成为跑得很快的人而被橄榄球教练选中。打乒乓球来源于他的注意力，正是超绝的注意力让他成为佼佼者。一个人在哪个方面成功，一般离不开这方面的天赋。虽然有些成功是运气，比如他们的船没有在飓风中被摧毁并随之在捕虾中大有收获，但我们不能期待运气，而是要努力地寻找自己的天赋，这才是成功的重要基础。

2. 是什么造就了珍妮的混乱人生和丹中尉的一度沉迷？

提示：电影通过对比的方式，在显示阿甘步步成功的同时，也展示了珍妮的节节失败。这两个人小的时候都不被人看好，一个弱智，一个家庭贫困，父亲是酒鬼且虐待孩子。但是阿甘思虑忠纯，专心致志地做事，而珍妮可能受到原生家庭的不良影响，总是安定不下来。童年经历的悲惨，使她能在生活中、工作中忍受屈辱，比如在非正式的剧院半裸演奏、能接受殴打她的男友，之所以能忍受这些，是她的潜意识里习惯了这些，童年时期爸爸对她的虐待影响深远。珍妮也曾在走投无路的情况下找到阿甘，但短暂的休息后又走上了流浪之路，她知道阿甘爱她，但是她不爱阿甘，也许是她太缺乏安全感了，也可能是自己不相信能过上好日子。她表面上是追求自由，实际上是避不开童年的阴影。珍妮最后因为染上病毒即将丧命而与阿甘结婚，其最根本的目的更可能是为了自己孩子的未来，这是母亲爱孩子，而不是爱阿甘，不是想跟阿甘过日子。

对于珍妮，观众容易哀其不幸，怒其不争，其实不必怒，因为这样的生活几乎是她不可控制的。这就是原生家庭对一个人刻骨铭心的影响。阿甘虽然因为弱智而遭受歧视，但他有一个很爱他也会爱他的妈妈，家庭条件也很好，这些是滋养阿甘的重要因素。

再说丹中尉，在越南战场上中弹受伤，按照他的想法，捐躯疆场留下英名，是他必然的命运。但是阿甘不顾他的反对而救了他，这一度使他很愤怒。在养伤的时候，他一直在生阿甘的气，退役回家后醉生梦死。之所以这样，是他认为做不了英雄的日子没法子过，尤其是还断了两条腿成为残废，再无成为英雄的可能。这背后的原因与珍妮是一致的，就是他认为自己只能死在战场上成为战地英雄，他的家族的祖先都是这样，这是他们家的门风，也是从小就形成的潜意识，他也逃不了潜意识的控制。其实人总是在自己的潜意识的控制下生活，阿甘其实也是在相信未来的潜意识中做事的。丹中尉的幸运是遇到了阿甘，阿甘的成功震撼了他，使他渐渐相信人生的路不止一条，也不要死守着原来的生活理想，只要努力就可以获得全新的幸福生活，于是他跟阿甘一起经营船队，获得巨大的成功，并装上了假腿，娶了妻子，过上了幸福的生活。

3.阿甘的妈妈在阿甘的成长中起到了怎样的作用？

提示：阿甘的妈妈是优秀母亲的代表。她善于给儿子营造好的教育环境，坚持把阿甘送到县里最好的学校。妈妈的目的很明确，就是让阿甘不把自己当成一无是处的弱者，同时他也相信阿甘有美好的未来。虽然这种做法不适合所有有相似问题的孩子，一些孩子可能在这样的环境（知名学校、优秀学生多）中，信心被彻底摧毁，强烈的反差会让问题儿童彻底失望。但阿甘是相信妈妈话的人，妈妈的话总是给他力量，同时，他对周围的人也不那么在意。妈妈教给阿甘的很多话都可以成为推广的金句。

"做傻事的才是傻子。"阿甘的傻是肯定的，但现实中太多智商正常的人常做傻事，做坏事。阿甘知道哪些是对的，哪些是错的，他坚持做正确的事情，这是他成功的重要因素。阿甘妈妈的这句话可以给很多人以警醒。

"生活就像一盒巧克力，你永远不知道会得到什么。"这是妈妈说给阿甘的另一句话。这句话给了阿甘无限的信心，事情总在变化中，不要纠结在当下的问题中，不要执迷，未来可期。这很像儒家的"知其不可为而为之"的精神，如果知难而退，那什么事都做不成了。现实中，很多人太聪明，也太固执，认为某些事情就是无法完成而不作为或者躲避。很多有志之士，不会胆怯于事情的难度，而是先判断哪些事该做，只要该做，只要合乎道德，那就认真努力地去做，这是阿甘成功的一个重要因素。刚买捕虾船时捕不到虾，阿甘不气馁，继续坚持着，最终迎来了丰收。阿甘一直爱着珍妮，虽然珍妮不爱他，但他一

直坚持着，终于让珍妮同意跟他结婚。虽然珍妮是为了孩子，而且很快就去世了，但是这对阿甘来说，爱过，经历过，这样的人生就获得了丰盈。

阿甘的妈妈总能给孩子以正确的信念，给孩子力量和方向，获得这些爱的滋养的孩子，就不会迷失方向，就能找到自己想要的生活。这是最好的家庭教育。

拓展延伸

1. 推荐电影《叫我第一名》。

男主人公的理想是当一名老师，但是他患有妥瑞氏症，而且比较严重，会出现无法自控的、不时的短暂肌肉痉挛并发出怪异的声音，这种病症阻碍着他成为一名教师。但他的诚恳还是谋得了一个机会，幸运地成为一名教师。他的成长不容易，同学、老师，甚至是自己的父亲都不理解他，好在有妈妈全力支持他。经过辛苦的努力，最终他成为一名优秀教师。这部电影诠释着"有志者事竟成"的道理。

2. 根据《阿甘正传》的情节，结合自己掌握的一些资料，写一篇文章，表达如何在逆境中超越，过上自己想要的生活，给读者以启发。

心中有峰，向上攀登
电影《攀登者》

□ 黄磊（河南省济源第一中学）

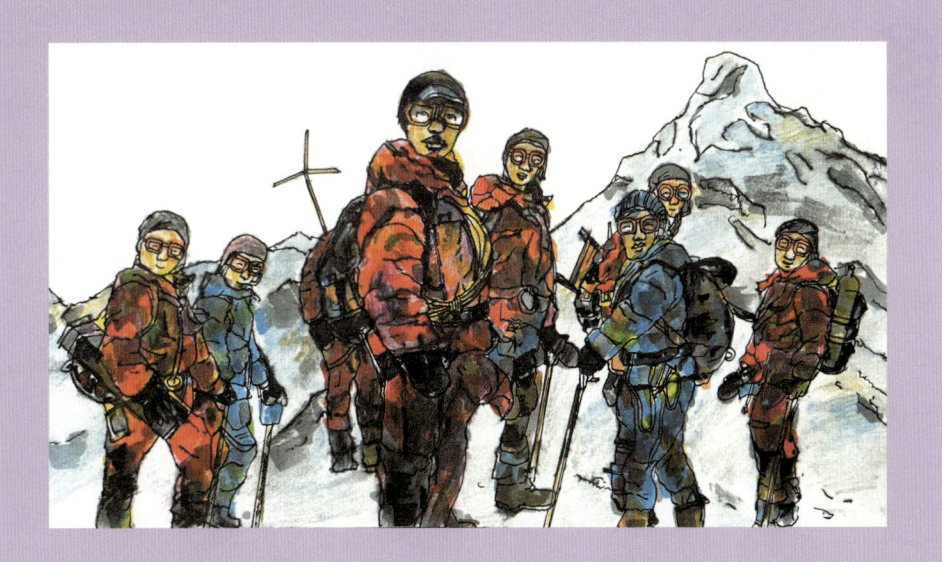

导演：李仁港

剧情：冒险

制片国家／地区：中国

上映年份：2019 年

德育主题

爱国主义教育是高中德育的重要组成部分。《攀登者》就是这样一部对学生进行爱国主义教育的优秀影片。该片讲述了1960年和1975年中国登山队两次登顶珠穆朗玛峰的故事，影片有助于培养学生的民族自豪感，并树立为国家和民族无私奉献的理想信念。

电影赏读

一、情节回顾

《攀登者》是一部爱国主义题材的影片，2019年由上海电影股份有限公司制作完成并上映。

1960年，中国登山队首次尝试登顶珠穆朗玛峰。在海拔6800米的珠峰北坳遭遇雪崩，中国登山队队长不幸遇难，担任临时队长的方五洲在救助队友曲松林和保住摄像机的两难选择中选择了前者。虽然最终中国登山队于北京时间5月25日凌晨4点20分从北坡成功登顶珠峰，但是根据国际惯例，要国际登山界承认登顶成果，需要具备两个条件：一是在山顶留下证物；二是在峰顶拍摄360度影像。中国登山队由于丢失摄像机，不能拍出360度影像，也就不被国际登山界所承认。

1975年，为了得到国际社会的认可，中国登山队再次尝试登顶珠穆朗玛峰，并试图重新测量珠穆朗玛峰的高度。曲松林担任副总指挥，方五洲担任队长，他们在后勤队长杰布和气象学家徐缨的帮助下，带领李国梁、杨光等一批年轻队员，经过刻苦的训练，经受住了极端天气和雪崩的考验，再次成

功登顶珠穆朗玛峰，让五星红旗飘扬在世界之巅。中国政府于1975年7月23日向全世界宣布珠峰最新海拔高度为8848.13米。

二、主题解读

祖国利益至上

这部影片，看完让人热血沸腾。观众被中国登山队员两次登顶珠峰为国家利益无私奉献一切的精神所感动，为自己是一个中国人而自豪。

影片以"一台摄像机"为主线，见证了中国登山队员国家利益至上的坚定信念。在第一次登顶珠峰的过程中，在救助队友和保住摄像机的两难选择中，临时队长方五洲选择了前者。由于缺乏360度影像资料，中国虽登顶珠峰，但此壮举并不被国际登山界所认可。在第二次登顶珠峰的过程中，临时队长李国梁在自己的生命和保住摄像机的选择中，毅然选择了割断绳索，坠落山崖。

生活在新时代的学生，也许不需要为国家抛头颅、洒热血，但是仍然需要国家利益至上的理想信念。近年来，一些留学生为了一己私利在国外公然攻击和侮辱自己的祖国，让人痛心至极。因此，引导学生树立国家利益至上的理想信念迫在眉睫。

在传承中前进

影片的另一条主线，围绕"传承"展开。从老登山队队长到方五洲再到年轻的临时队长李国梁，是一种传承。副总指挥曲松林和队长方五洲在大本营对新的登山队员进行身体和心智的训练，并分享登山各个阶段应该注意的问题，以便新队员能够迅速成长，为新队员成功登顶提供了保障。1975年中国登山队在第二台阶架设的金属梯，33年间帮助全球1300多名登山者登顶珠穆朗玛峰，被世界登山界誉为"中国梯"，这也是一种传承。但是临时队长李国梁说过这样一句话："总有一段路需要自己走，不能永远在先辈的庇佑下前行！"年轻一代需要在传承的庇护下成长，也要在传承中独立寻找新的挑战，毕竟社会需要发展，人类文明需要进步。因此每一个学生肩负着传承者和开创者的双重角色，并肩负着双重的责任和历史使命。

电影对对碰

一、观影准备

1. 你知道世界最高峰是哪座山峰吗？你知道它具体的高度吗？
2. 你了解中国登山队是如何登上珠穆朗玛峰并测量出它的高度的吗？
3. 如果你想要登上珠穆朗玛峰，都需要做哪些准备？

二、电影沙龙

1. 曲松林为什么"恨"方五洲？

提示：遭遇雪崩后，兼职摄像师的曲松林即将坠落山崖，方五洲在救曲松林还是保住摄像机的两难选择中，选择了前者。由于缺少环绕山顶拍摄的360度影像资料，中国登山队在1960年的登山壮举未能被国际登山界所认可。曲松林之所以"恨"方五洲，是因为他认为如果非要在自己的生命与国家利益之间做出选择的话，方五洲应该以国家利益为重，如果当时选择牺牲自己而保住摄像机的话，中国被国际认可应该可以提前十几年。当然，站在方五洲的角度，队友的生命肯定是第一位的，登山失败了可以再来，但是人的生命没有了，遗憾永远无法弥补！

2. 你能想象一下李国梁割断绳子前的心理活动吗？

提示：一边是记录登山重要影像的摄像机，一边是自己宝贵的生命，李国梁迎来了最艰难的抉择。他首先想到的应该是自己的父母，然后是自己刚刚结识的恋人——黑牡丹，如果自己放弃生命肯定会对他们造成非常大的伤害。最后他又想到了自己本次登山的使命，就是为中国登山队留下影像资料，以弥补1960年首次登顶珠峰的遗憾。在把摄像机递给了队友之后，他毅然割断了绳子，选择了牺牲自己而维护国家的利益。

3. 曲松林和李国梁面临同一个问题相同选择的内驱力是什么？

提示：珠穆朗玛峰是世界最高峰，征服这座山峰一直是人类共同的梦想。早在1960年之前，就有国外的登山队从南坡登顶珠穆朗玛峰。但是，始终未有人成功从北坡登顶。所以国际登山界认为人类想从北坡攀登这座"连飞鸟也无法飞过"的山峰，几乎是不可能的。20世纪六七十年代的中国急需在世界立足，如果能够成功从北坡登顶珠穆朗玛峰，一定会让世界各国刮目相看，也会极大地振奋国人的精神。于是，中国组建登山队，就是为完成别人眼中"不可能"的任务。于是，一批酷爱登山且想要为国争光的年轻人加入了这一光荣的队伍。他们与零下二十多摄氏度的寒风搏斗，与随时都有可能出现的雪崩斗智斗勇，甚至冒着随时有可能失去生命的危险，就是要让中国登山队登顶珠穆朗玛峰的壮举载入世界登山史的史册。所以，在自己生命与国家利益的抉择当中，他们毅然选择了后者。

4. 你能在影片中找到哪些"传承"？

提示：(1) 在海拔8700米左右的珠峰第二台阶处，面对4米多高的岩壁，登山队员甘为"人梯"，让队友踩着自己的肩膀攀上岩壁，这是一种传承。(2) 副

总指挥曲松林和队长方五洲在大本营对新的登山队员进行身体和心智的训练，并分享登山各个阶段应该注意的问题，以便新队员能够迅速成长，为新队员成功登顶提供了保障，这是一种传承。(3) 1975年中国登山队在第二台阶架设的金属梯，33年间帮助全球1300多名登山者登顶珠峰，被国际登山界誉为"中国梯"，这也是一种传承。

5. 我们如何接过这个"传承"的接力棒？

提示：临时队长李国梁说过这样一句话："总有一段路需要自己走，不能永远在先辈的庇佑下前行！"年轻一代需要在传承的庇护下成长，也要在传承中独立迎接新的挑战，毕竟社会需要发展，人类文明需要进步。站在巨人的肩膀上，新时代的学生扮演着传承者和开创者的双重角色，并肩负着双重的责任和历史使命。前辈已经完成了"上山"的壮举，新一代年轻人可以接过接力棒，用知识武装自己，在"上天""入海"等挑战中书写新的时代华章。

三、趣味活动

1. 唱一唱或诗朗诵。

共同演唱或朗诵《攀登者》同名主题曲《攀登者》。

演唱可以分两个轮次，先由老师或者学生领唱，再师生合唱。演唱过程中，大屏幕可以同步播放攀登者重要情节。如果学生不会唱这首歌曲，此环节可以改为师生朗诵。

2. 谈一谈。

根据目前中国所面临的复杂多变的国际局势以及中国发展现状，谈一谈自己的梦想和实施路径。可以先说一说自己要在哪一个领域为国争光，然后讲一讲自己准备上哪个大学以储备必备的知识和能力，最后谈一谈目前要通过怎样的努力实现上这个大学的梦想！

拓展延伸

1. 填写并张贴"爱国奋斗卡"。

填写"爱国奋斗卡",其中包括自己的目标以及实现目标的具体措施。把全班同学的"爱国奋斗卡"统一贴到展板上,或者学生把自己的"爱国奋斗卡"贴在自己的课桌上。

2. 资源链接。

电影《夺冠》讲的是中国女排从1981年首夺世界冠军,到2016年里约奥运会逆转卫冕冠军巴西和欧洲劲旅塞尔维亚第三次获得奥运会冠军的故事,诠释了团结协作、顽强战斗、勇敢拼搏和为国争光的女排精神。

图书《天地颂》讲的是中国"两弹一星"的成功研制和中国载人航天工程的顺利实施,让读者真正了解"两弹一星"和中国载人航天工程背后那些感人至深的事迹,从而激励中国人齐心协力、奋发图强、勇攀高峰,为中华民族的伟大复兴贡献自己的力量。

(本文插图:河南省济源第一中学 孔童谣)

坚韧向上，拼搏无悔
电影《百万美元宝贝》

□ 姜新华（黑龙江省七台河市教育研究院）

导演：克林特·伊斯特伍德

类型：剧情／运动

制片国家／地区：美国

上映年份：2005 年

德育主题

《百万美元宝贝》演绎了一个表现人坚韧向上的故事。电影通过拳击手麦琪的成功和悲惨的结局，告诫人们要思考成功与幸福的关系问题。电影启示我们，名声和成功固然重要，但不能伤害他人包括自己的健康与幸福，要有道德和健康的底线。

电影赏读

一、情节回顾

麦琪是一个年过三十的喜欢拳击的女子，她没有接受过专门训练，只是利用业余时间练习了3年。她意识到该找个教练提升自己，于是就找到弗兰基。弗兰基不训练女运动员，而且麦琪年龄太大了，再出成绩几乎不可能。麦琪不放弃，坚持在弗兰基的拳击俱乐部独自练习。弗兰基看见了麦琪的努力，也知道了她可怜的身世，就同意做她的教练，但不做她的经纪人。麦琪进步很快，她希望打比赛，弗兰基就给她推荐了经纪人，但这个经纪人指导不得法，弗兰基看不下去了就当场当起了麦琪的经纪人，麦琪在弗兰基的指导下赢得了比赛。从此以后，麦琪节节胜利，没有敌手，都是一个回合就击倒了对方。弗兰基为了增加麦琪的比赛经验，就花钱请选手参加比赛，但没人想来挨揍和失败。弗兰基这才准备给麦琪晋升一个级别，弗兰基时刻以保护选手的健康为核心，比赛的目的也是进步而不仅仅是输赢。麦琪在晋级后的第一场比赛中险些失利，虽然最后赢得了比赛，但鼻子被打裂，弗兰基再次警告她，安全第一。

无数次的胜利之后，麦琪可以与上一届冠军兰熊争夺冠军了。兰熊是一个不讲规则的选手，看麦琪势头盖过了她，在比赛的间隙出手偷袭打倒了麦琪，麦琪的颈椎摔断。医生告之，无法恢复，只能终生躺在床上。麦琪不想这样生活，尝试自杀，被医生制止，后来因为褥疮，一条腿被截肢。麦琪希望安乐死，弗兰基开始反对，后来看麦琪实在太痛苦，就帮她完成了这一愿望。

二、主题解读：
幸福和成就，哪一个更重要？

"吃得苦中苦，方为人上人。"这是古训，中外通用。但问题是，那"吃苦"的日子真的不会造成严重的伤害吗？痛苦的坚持真的有结果吗？再者，为什么一定要成为"人上人"呢？成为自己，实现自我不也会赢得幸福吗？《百万美元宝贝》的故事，可以作为讨论的素材，深入地展开对这个话题的讨论。

男拳手的背叛

弗兰基是职业拳击教练。他培养的拳手威利很成功，势头很好，再坚持练习几场就可以参加冠军争夺赛。威利有问鼎冠军的实力，但是弗兰基为了最大

限度地保护拳手，并不着急让他竞争冠军。弗兰基的老朋友，在拳击馆帮他打理的艾迪原来是一位著名的拳击手，在比赛中失去了一只眼睛。那时弗兰基还只是教练的助理，负责包扎伤口之类，艾迪的受伤让他意识到必须保护拳手而不能急于成功。

弗兰基的想法是着眼于人的一生，不在乎一时的输赢。但是很多拳手要依靠比赛出名从而赚更多的钱。威利就是这方面典型的代表，生活的压力让他做出离开弗兰基的想法，他找了其他经纪人，直接被安排去参加冠军争夺。

弗兰基很伤心，他没想到自己培养8年的拳手，眼看就要出成绩了，却跟别人走了。这个时候，麦琪闯进了他的视野。

女拳手的加盟

麦琪在弗兰基经营的拳击馆练习了一段时间，她想找弗兰基做自己的教练以提升自己的能力，但弗兰基没有训练女选手的想法，坚决拒绝了麦琪。麦琪不死心，继续在拳馆练习。艾迪看出麦琪是个好苗子，就暗中指导了一次，麦琪悟性很好，领悟了技巧的要领，日常生活和工作中都因地制宜地体会和练习。艾迪还把弗兰基的梨球借给她练习。弗兰基发现麦琪在使用自己的梨球就再次制止她练拳，麦琪已经不小了，这个年纪已经不可能再有成就了。麦琪很难过，弗兰基不忍看她的神态，就允许麦琪继续使用自己的梨球。麦琪在餐厅做女招待，父亲已经去世，妈妈带着弟弟妹妹靠政府的救济过日子，她不想过这样的生活，业余时间都用来练习拳击，甚至她庆祝自己生日的方式都是在拳馆练习。弗兰基知道这些后决定做她的教练。

初露锋芒

麦琪走上了正规训练之路，进步很快。麦琪想尽快参加比赛实战，但弗兰基却只做教练不做经纪人，只有经纪人才能安排比赛。他不想把一个女孩送进赛场，他知道这是一件残酷的事，他起初同意训练麦琪时，就表明了只做教练不做经纪人。在麦琪的央求下，弗兰基让一个经纪人带领麦琪参加比赛。

弗兰基其实很关心麦琪的比赛情况，他发现经纪人指导错误，麦琪的能力发挥不出来。弗兰基当场担起了麦琪的经纪人，在他的指导下，击倒了对手，麦琪的力量爆发出来了。事后弗兰基不是庆祝，而是严肃地要求她要学会保护好自己，说这是第一原则。

麦琪在随后的四回合制的比赛中，所向披靡，没有遇到对手。麦琪很得意，而且说自己解决了呼吸问题。弗兰基则没有这么乐观，比赛的目的是变得更强，不是一时的输赢。他告诉麦琪这种第一回合就把对手击倒在地的打法不能真正增强能力，还不能打六回合的比赛。其他教练都不想再跟麦琪打了，认为这是对自己拳手

的羞辱，弗兰基为了增加麦琪的实战经验就私下给其他教练钱让他们安排拳手跟麦琪对战。这种购买也没坚持多久，再没人想跟麦琪打，谁都不愿自取其辱，一上台就被打倒。

走向辉煌

为了进一步锻炼麦琪，弗兰基给麦琪的比赛升了一个级别。第一次比赛遭遇到一个强悍的对手，打断了麦琪的鼻子。弗兰基准备弃权，但麦琪坚持。弗兰基就迅速扶正了麦琪的鼻骨，止血，交代要领。麦琪的悟性和实力是很强的，再上场时，20秒内打倒了对手。弗兰基也情不自禁地喊出"莫库什勒"，声音不大，却是激动的。赛后到医院医治鼻子，弗兰基指出这次比赛的教训，再次强调要保护好自己，这是铁律。

比赛在继续，连续十二场胜利，本来可以争夺中量级冠军，但是弗兰基认为那不重要，经过充分准备后才能接受一些比赛。麦琪的势头很盛，节节胜利。

弗兰基感觉麦琪准备得差不多了，才安排与上届冠军兰熊对决。这场比赛，双方可均分百万美金。麦琪的名声也达到顶峰。

戛然而止

兰熊臭名昭著，比赛时惯用黑招。赛场上，兰熊感觉到麦琪的强劲，竟然违反规则用肘部击打了麦琪。弗兰基为了击败兰熊，授意麦琪在裁判看不到的角度击打对手的坐骨神经。重上赛场，麦琪越战越勇，兰熊颓势明显，已经无招架之力。按照规则，裁判为了保护被重击的兰熊，让她适当休息。

麦琪转身离开，没料到兰熊心生恶念，在麦琪后面出手偷袭，麦琪在毫无防备的情况下突然遭到重击，一下子被打懵，失去重心，直直地摔倒下去，脖子摔撞在倒放凳子的立面上，昏厥过去。

经过治疗，虽然保住了性命，但脊柱断裂，全身瘫痪。弗兰基积极地配合着治疗，并积极地寻找更好的医疗机构。没有哪家医院能让麦琪再站起来。弗兰基很自责，认为是自己带着她参加比赛才造成这样的结果。麦琪不同意弗兰基的观点，麦琪说自己原来不值一钱，正是弗兰基让她体验到成功的滋味，也体验到尊严。艾迪也安慰弗兰基，你找到了最好的拳手，实现了你的梦想，麦琪找到了最好的教练，也发挥出自己的最大潜能。

人生充满了各种意外，很多发展势头很好的事情，可能在某一个意外中瞬间停止。

病床上的麦琪在时间的流逝中，心情也开始灰暗下来，先是因为久卧身上长了褥疮，后来一条腿感染而被截肢。麦琪不想就这么躺到生命的结束，先是咬舌自尽，被医生们救下来。最后麦琪希望弗兰基让自己安乐死。弗兰基开始强烈反对，但看到麦琪的状况确实难受，她的家人因为不能再从她这里得到钱，也不再关心她的健康，毫无亲情。弗兰基同情并理解麦琪身体和心理的痛苦，最后决定帮助这个可怜的孩子结束生命。

意义的追问

什么是有意义的人生？如何成就有意义的人生？

麦琪的成长环境是糟糕的，但是她捕捉到自己的热爱，就坚定不移地去实现，无论是请弗兰基做自己的教练，还是坚韧不拔地练习，执着、坚定、刻苦，最终成就了她短暂但辉煌的人生。

弗兰基则强调了人生的另一个维度，那就是要幸福。作为拳击运动员，最重要的是不留下身体器官的伤害，他时刻提醒麦琪，拳击比赛中最重要的原则就是保护自己。他一方面给人最好的指导与帮助，一方面又不单纯在意成功，而是着眼于人的一生。他保护着拳手不受重要的伤害，以致退役后仍能幸福地生活。

自我实现很重要，生命需要绽放；生命的长远发展也很重要，不能为了一时的成就而让大半生处于伤痛中。同时，要守住道德，不能像兰熊那样不择手段，麦琪的悲剧，应该成为完善拳击比赛保护措施的警钟。

电影对对碰

一、观影准备

1. 女子拳击。

男子拳击早在古希腊时就出现了，更早的源头则是人类生存的需要，与野兽搏斗以获取食物或保护自身的安全。女子拳击的出现要晚得多，最早的女子拳击出现于1720年，在伦敦的一场比赛。因为人们的观念里反对女子拳击，认为太残暴。后来发生的女权运动等思潮，开始极力地争取女子拳击的地位，但发展并不顺利。直到2009年，国际奥委会才批准女子拳击成为奥运会比

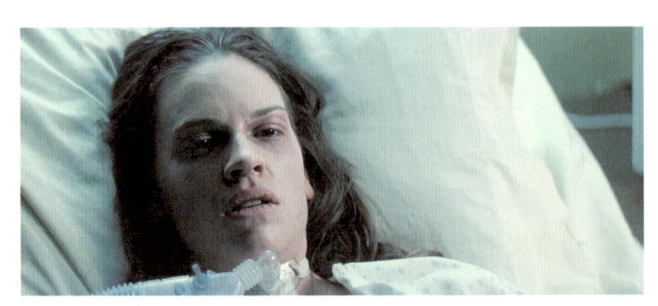

赛项目，并正式出现在 2012 年的伦敦奥运会上。

2. 安乐死。

安乐死是无痛苦地死去，主要针对那些无法救治、极度痛苦、生命垂危的人。因为涉及人的生命，安乐死一直饱受争议。

二、电影沙龙

1. 麦琪取得成功的原因有哪些？

提示：首先是她有明确的目标，看到了自己对拳击的热爱；其次是她的坚毅，在目标的追求上坚定不移，在目标的实现上刻苦努力。

2. 弗兰基始终强调"保护自己"，这会不会限制拳手的发展？为什么？

提示：弗兰基是着眼于人一生的发展，短时期内可能会抑制选手的成名，但长远看利于选手的发展，包括拳击的成就本身。大个子威利耐不住生活的压力，早早地脱离了弗兰基，但麦琪遵守弗兰基的原则，取得了更大的成就。

3. 麦琪为了攻击手法卑劣的兰熊，听从了弗兰基的建议，在裁判看不见的角度击打兰熊的坐骨神经。你怎么评价这一行为？

提示：即使不能"以德报怨"，也要"以直报怨"，就是我们一方面坚持保护好我们自己，另一方面坚决不使用有失道德的行为，这是做人的坚守。

虽然麦琪无论怎么做或者做什么，都不能阻止卑鄙的兰熊使用违反规定的阴招，但麦琪的"以其人之道还治其人之身"激发了兰熊的报复和恶念，这就增加了自己的危险。

4. 弗兰基在病榻上的麦琪的授意下，对麦琪施行了安乐死。你对此怎么看？

提示：安乐死是一个有争议的话题。首先我们要保护生命，不能轻易地对一个人实施安乐死；同时，要理解身患绝症的人的痛苦，理解其处境的艰难。

安乐死如果要施行，需要立法，尊重病患的主观意愿，科学地确认病情的严重程度等，不能简单地实施这一行为。

拓展延伸

1. 推荐电影《洛奇》。

洛奇起初是一个蹩脚的三流拳击手，靠着青黄不接的拳赛挣着微薄的比赛津贴。为了增加收入，他还替地下钱庄收账。这是一个平庸无奇的小人物。直到有一天得到一个机会，可以和拳王打一场比赛，因为拳王的对手突然患病而退赛，胜利者将有15万美元的巨奖（20世纪70年代）。洛奇知道必败无疑，但不能败得太惨，于是开始了艰苦的训练。功夫不负有心人，洛奇跟拳王打满了十五场，这本身就是巨大的胜利。

2. 《百万美元宝贝》中有两个重要话题，一是麦琪的奋斗，一是弗兰基为其实施安乐死。选择一个话题，写出你的观点。

后 记

随着中小学德育影视课程丛书——《超级电影课》的面世，回首课程的整个研发过程，我们的心中充满了激动与感激。

感谢所有热爱影视教育的老师们，感谢晓琳影视课程工作坊的老师和专家们。你们不仅积极参与了本套丛书的编撰，更是将这套课程带进了教室，成为孩子们生命成长中重要的精神营养。正是你们的热情与专业，让这套丛书焕发出生机与活力。

感谢所有热爱影视课程的孩子们。你们将自己的生命叙事与影视故事相互编织，不仅自身获得积极健康的成长，更让电影人物鲜活无限，让电影故事的生命力丰盈而绵长。正是你们的参与投入，让这个课程更加生动与有趣。

感谢所有热爱影视教育的家长朋友们。是你们的信任和支持，给了影视教育无限的可能。正是因为有了你们的陪伴与鼓励，孩子们才能在光影的世界中畅游，感受艺术的魅力。

感谢北京大学影视戏剧研究中心主任、教育部"长江学者"陈旭光教授，上海戏剧学院电影学院院长、博士生导师、教育部"长江学者"厉震林教授，西北大学电影学院院长、博士生导师、陕西省中小学影视教育协会常务副会长张阿利教授对本套丛书的推荐与支持。

感谢大象出版社对影视教育的倾力支持，感谢梁金蓝编辑十余年来对影视课程的独具慧眼，满满情怀，出版了十余部影视教育图书，形成了课程品牌，助推了影视教育的持续发展。

《超级电影课》，将优秀影视作品与德育融合起来，在立德树人方面发挥了独特功能。在设计课程时，我们引用了电影的部分剧照，以帮助孩子们理解故事情节，深化教育主题。感谢济南鸿景影视文化传媒有限公司出品发行的电影《麦豆的夏天》、华夏电影发行有限责任公司出品发行的电影《我和我的祖国》、峨眉电影制片厂出品发行的电影《红衣少女》、西安梦想流坊影视文化传媒有限公司出品发行的电影《信·守》等免费授权我们使用剧照和海报。不过，由于多种原因，我们暂时无法联系上部分影视作品的版权方，对此深感遗憾并表示诚挚的歉意。如版权方看到本套丛书，请与我们联系，我们将立即支付稿酬，并赠送样书。我们会在未来的工作中更加努力，确保尊重每一位创作者的版权。

最后，我们要感谢所有为这套丛书付出过努力的人们。正是因为你们的支持与帮助，《超级电影课》才得以顺利出版。它见证了我们对影视教育的热爱与坚持，也寄托了我们对孩子们美好未来的期许与祝愿。希望这套丛书能够继续为中小学德育贡献一份力量，为孩子们的成长带来更多的智慧与启迪。

杨爱君　王晓琳